# [SÉ]MINAIRES

DU

## DIOCÈSE DE TARBES

PAR

## L'ABBÉ CAZAURAN

AUCH

FRANÇOIS SOULÉ, ÉDITEUR, RUE DE L'ORATOIRE, 15

1895

# SÉMINAIRES

DU

## DIOCÈSE DE TARBES

PAR

L'ABBÉ CAZAURAN

AUCH

FRANÇOIS SOULÉ, ÉDITEUR, RUE DE L'ORATOIRE, 15

1895

# SÉMINAIRES
## DU DIOCÈSE DE TARBES

—

Le saint Concile de Trente (Sess. XXIII, ch. XVIII) ordonne que toutes les églises cathédrales, métropolitaines et autres supérieures à celles-ci, chacune selon la mesure de ses facultés et l'étendue de son diocèse, seront tenues et obligées de fonder un Séminaire. En d'autres termes, chaque évêque devra nourrir, élever dans la piété et instruire dans la discipline ecclésiastique un certain nombre d'enfants de sa ville, de son diocèse ou de sa province, si, dans le lieu, il ne s'en trouve pas suffisamment, en un collège qu'il choisira près de son église même, ou dans un autre lieu convenable.

Beaucoup de prélats ne purent, faute de ressources, répondre, tout de suite, aux vœux de l'auguste assemblée. L'Évêque de Tarbes fut de ce nombre, pendant bien des années. Ce n'est qu'au dix-septième siècle, en effet, que la Bigorre se voit dotée d'un Séminaire.

## I

Mgr Marc-Malier de Houssay (1), évêque
de Tarbes, obtint de Louis XIV (décembre
1669) des lettres-patentes qui l'autorisaient
à fonder un Séminaire dans sa ville épiscopale. Ces lettres, d'abord vérifiées au Parlement de Toulouse (2), le 15 février 1670,
furent soumises à la Cour des Aides de
Montauban, le 25 février suivant, pour être,
ensuite, examinées à la Chambre des
Comptes de Navarre, le 13 mars 1670.

L'Evêque pouvait doter le nouvel établissement d'un revenu de 2,500 livres, par des
*Unions* de bénéfices ou par des impositions
sur le clergé. De plus, les Lettres royales
lui permettaient de choisir tels sujets qu'il
trouverait à propos pour diriger la Maison
« et former les séminaristes aux bonnes
mœurs et touttes les fonctions ecclésiastiques et à la science nécessaire pour instruire
les fidèles (3). »

Mgr Marc-Malier fit donc construire, au

---

(1) Il fut nommé au mois d'avril 1668. Il fut d'abord,
comme son père, premier aumônier de Madame la du-
chesse d'Orléans.
(2) *Archives du Grand-Séminaire d'Auch*, n° 18,128.
(3) *Ibid.*, n° 18,130.

midi de son palais épiscopal, un très beau bâtiment destiné à recevoir les clercs (1). Mais son œuvre n'était pas encore achevée lorsque la mort le surprit à Auch, pendant l'assemblée provinciale, en 1675 (2).

Messire Anne Tristan de la Baume de Suze lui succéda, pour être aussitôt transféré à St-Omer, d'où il revint plus tard avec le titre d'archevêque d'Auch. Ce prélat ne put rien faire pour le Séminaire. Il en fut autrement de Mgr François de Poudenx, devenu évêque de Tarbes après la translation de son prédécesseur sur le siège de St-Omer.

(1) On verra à la fin de cette étude, que cette maison est redevenue Séminaire, en ce siècle.

(2) Cette assemblée eut lieu dans la ville d'Auch, au mois de mai 1675. Elle avait pour objet la *députation du clergé provincial* à l'Assemblée générale du clergé de France *indite* (fixée) au 25 du même mois dans la ville de St-Germain-en-Laye et l'arrangement d'autres affaires relatives au clergé.

*L'Inventaire des archives du clergé du diocèse d'Auch*, déposé aux archives de l'archevêché d'Auch et dressé par le paléographe Lunet (Joseph), en 1737, nous donne les dates précises de toutes les assemblées de notre province, depuis 1527 jusqu'en 1742. Les voici par ordre chronologique : 1527, 1561. 1566, 1576, 1589, 1593, 1595, 1599. 1602, 1605, 1608, 1612, 1617, 1619, 1621, 1625, 1628, 1635, 1641. 1645, 1647, 1650, 1651. 1655, 1660, 1665, 1670, 1675, 1680. 1681. 1685, 1690, 1693, 1695, 1699, 1700, 1701, 1702. 1707, 1708, 1709, 1711, 1715, 1723, 1725, 1726, 1730, 1731, 1735, 1740, 1742.

Des raisons d'Etat firent longtemps différer l'expédition des bulles du nouveau pontife, mais durant la longue vacance de son siège, Mgr de Poudenx ne laissa pas que de songer aux moyens pratiques de mener à bonne fin l'entreprise de Mgr Marc-Malier de Houssay et d'assurer une sérieuse éducation aux jeunes clercs qui aspiraient au sacerdoce.

Le collège de Tarbes (1), dirigé par les Doctrinaires, devint donc provisoirement le *Séminaire diocésain.* Voici comment :

Les Pères de la Doctrine chrétienne du collège, probablement inspirés par l'Evêque, sollicitèrent des *Etats du Pays de Bigorre* l'autorisation d'établir dans leur Maison une classe de THÉOLOGIE MORALE, comme cela se pratiquait dans la plupart des diocèses encore dépourvus de Séminaire. L'Assemblée provinciale accueillit favorablement cette demande dans sa session du 10 octobre 1698 (2). Les Etats votèrent même « la somme de trois cens livres pour la subsistance (annuelle) d'un Régent que lesd. Révérends

(1) Les bâtiments de ce collège sont aujourd'hui occupés par le lycée de Tarbes.
(2) *Archives du Grand-Séminaire d'Auch,* n° 17,945.

Pères de la Doctrine seront obligés d'adjouter à ceux qui sont desjà dans ledit collège. »

Le syndic des *Etats* fut ensuite autorisé à passer, sur ce point, un traité définitif avec les Doctrinaires. En conséquence, le P. Mathurin Bacarrère, prêtre de la Doctrine chrétienne et recteur du collège de Tarbes, muni d'une procuration (1) de son supérieur, le P. Michel Raoul, provincial des Doctrinaires à Toulouse, entra en pourparlers avec MM. Louis de Mont-d'Uzer et Antoine Nogués, syndics des Etats, le 8 nov. 1698. On signa un traité en vertu duquel les Doctrinaires s'engageaient « moyennant la somme annuelle de 300 fr., payable par le receveur des Etats de Bigorre, à fonder une classe de théologie morale dans le collège de Tarbes et à la pourvoir d'un professeur capable et approuvé par l'Evêque de Tarbes, président né desdits Etats. »

Le professeur de morale devait, dans son cours, dicter et expliquer publiquement la théologie « à tous venans ». Cet acte d'accord eut pour témoins Bernard Castaing, de

(1) *Archives du Grand-Séminaire d'Auch*, n° 17,916.

Pouzac, et Jean Porterie, de Burg, acolytes,
« tous les deux étudians », et Colin, notaire,
de Tarbes, fut chargé de le rédiger (1).

Les Pères de la Doctrine s'acquittèrent
avec zèle de leur nouvelle et sainte mission.
Ils allèrent même au-delà de leurs engagements, car ils fournirent à l'Evêque « des
directeurs libéralement et gratuitement,
sans qu'il lui en coutât rien, (2) » et sans la
moindre charge pour le clergé, que le « Prélat
eut la consolation de voir sortir de l'école
de ces directeurs. » La meilleure partie des
ecclésiastiques formés dans le collège-sémi-
naire de Tarbes, travaillaient déjà avec
édification dans le diocèse, et d'autres,
munis d'autorisations régulières, « s'étaient
répandus dans les diocèses voisins selon le
différent besoin des esglises. »

C'étaient là des résultats fort appréciables,
assurément, mais l'Evêque désirait mieux
encore, d'autant que le logement réservé
aux séminaristes dans le collège, était
tout à fait insuffisant. Il arriva même,
parfois, qu'on ne put pas admettre dans
l'établissement tous ceux qui se présentaient

(1) *Archives du Grand-Séminaire d'Auch*, n° 17,816,
(2) *Ibid.*, n° 18,130.

pour faire leur séminaire, ce qui nuisait beaucoup à la formation des jeunes clercs dont la vocation faisait souvent naufrage par le contact avec le monde.

Désireux de bien étudier les dispositions des aspirants au sacerdoce, Mgr de Poudenx prit la résolution, malgré le peu de ressources dont il pouvait disposer, d'offrir aux Doctrinaires d'aller occuper la maison destinée au Séminaire, par son prédécesseur, messire Marc-Malier de Houssay, et d'y envoyer un nombre suffisant de directeurs « pour l'instruction et éducation des clercs aspirants à l'état ecclésiastique. » Pour toute rétribution, le prélat offrait aux Religieux « de se contenter pour le présent de deux chapellenies, du revenu d'une cure *habitu* et de l'expectative de biens substitués dont ils devraient jouir seulement *après le décès* de M<sup>lle</sup> de Pujo, de His. » C'était assurément fort peu, mais les Doctrinaires ne voyant qu'une bonne œuvre de plus à accomplir, acceptèrent les propositions de l'Évêque.

Il est bon de noter les clauses de l'accord, d'après un acte que nous conservons dans nos archives (n° 18,130). Cet accord fut passé à Tarbes, le 6 mars 1716, entre messire

François de Poudenx, évêque de Tarbes,
d'une part, et les PP. Jean Descurraing,
recteur, et Jean Dané (1), vice-recteur du
collège de Tarbes. Celui-ci était l'ancien
directeur des séminaristes au collège.

L'Évêque donne à perpétuité la direction
du Séminaire de Tarbes à la Congrégation
de la Doctrine chrétienne de la province
de Toulouse qui doit prendre possession
« réelle, actuelle et corporelle, » de la
maison bâtie par Mgr Marc-Malier de Houssay,
pour le Séminaire. Les directeurs com-
menceront sans retard, pour les continuer
à l'avenir, *tous les exercices relatifs à l'instruction des ecclésiastiques qui y seront admis.*
Ils auront la jouissance des biens qu'on leur
a assignés ou dont ils pourront jouir à la
mort de M<sup>lle</sup> de Pujo « en supportant les
charges énoncées dans les décrets d'union. »

Le Séminaire sera toujours placé sous la
juridiction et sous la dépendance de l'Évêque
de Tarbes, de ses successeurs ou de leurs
vicaires généraux. L'enseignement donné

(1) Les PP. Descurraing et Dané agissaient en vertu
d'une procuration que le P. Jean Moméjan, provincial des
Doctrinaires de Toulouse, leur avait donnée par acte du
19 mars 1715. *(Archives du Grand-Séminaire d'Auch,*
n.° 18,130).

dans l'établissement aura toujours l'approbation préalable de l'Evêque ou de ses successeurs.

De son côté, la congrégation des Doctrinaires devra fournir « un nombre suffisant de prêtres agréables aud. seigneur évêque constituant ou à ses, successeurs » et les Régénts s'appliqueront toujours, comme ils l'ont fait par le passé, « à élever et à instruire tant les ecclésiastiques qui demeureront dans led. Séminaire, que ceux qui pourraient y venir du dehors ou y être envoyés par les Evêques; dans la piété et l'esprit ecclésiastique, selon les règlements faits ou à faire par l'Evêque constituant ou ses successeurs pour la conduite et le bon ordre du Séminaire. »

Dans le cas où un directeur ne serait plus au gré de l'autorité diocésaine, la congrégation était tenue d'en fournir d'autres sans retard, de façon à ce que les cadres du personnel de la maison fussent toujours au complet.

Les professeurs devaient enseigner : le matin, la théologie scolastique, et la morale, après midi. En outre, ils étaient tenus de faire, une ou deux fois la semaine, « des conférences et entretiens sur l'Ecriture sainte et la discipline et Ordres de l'Eglise, d'enseigner le chant, la liturgie. » Ils devaient, enfin, diriger les exercices spirituels, soit de ceux qui se préparaient à recevoir les Ordres, soit de ceux qui pourraient venir au Séminaire, du diocèse ou d'ailleurs, pour y faire des retraites (1).

(1) Le régime des Séminaires, avant la Révolution, différait beaucoup de celui qu'on y suit maintenant. Chaque sujet était libre de faire ses études où il voulait, dans un collège, dans un séminaire, sous la direction d'un curé, dans sa famille ou dans les Universités. Le séjour dans un séminaire, pour y suivre des cours de théologie, n'était imposé à personne. Mais, en retour, tous ceux qui se disposaient à participer aux ordinations, devaient suivre des exercices préliminaires de vie spirituelle dans un séminaire.

Les aspirants à la tonsure devaient se présenter deux mois avant l'ordination, devant l'Evêque, porteurs de leur extrait de baptême, d'un certificat « de leurs curés et régens sur leurs études, piété et assiduité aux divins offices. » Ils étaient tenus, en outre, à un séjour de deux mois dans le Séminaire de Tarbes pour « y faire les exercices spirituels, être instruits des devoirs de l'état ecclésiastique et s'y préparer à une confession générale. »

Chacun d'eux, enfin, en entrant au Séminaire, avait à se pourvoir d'une soutane, d'un surplis et d'un bonnet carré.

Personne ne pouvait être admis à la tonsure *avant l'âge de quatorze ans ou environ*. Il fallait, en outre, être instruit des principaux mystères de la religion, avoir reçu le sacrement de confirmation, être fixé sur les principes de la langue latine et avoir donné des marques d'une sérieuse vocation à l'état ecclésiastique.

Pour les ordres mineurs, les aspirants devaient se

Les Doctrinaires acceptent les propositions qu'on leur offre, à la condition cependant que si, dans la suite, on fait des legs au Séminaire, par testament ou autrement, et que le revenu de la maison dépasse la somme de 1,800 fr., les Religieux auront l'administration de ces ressources dont ils rendront compte à l'Evêque au-dessus de 1,800 fr. Et l'excédent sera par eux employé au bien du Séminaire ou à l'entretien « de quelque pauvre clerc en qui on trouvera

présenter trois mois à l'avance devant l'Evêque, munis d'un extrait de baptême, des lettres de tonsure, d'un bon certificat *du curé, des régens et préfet des collèges où ils avaient étudié*, indiquant leur conduite, leur assiduité aux offices, leurs progrès dans les lettres. Puis, on les admettait au Séminaire où ils étaient tenus de passer deux mois avant l'ordination.

Un séjour de trois mois dans le Séminaire était imposé aux futurs sous-diacres qui n'étaient admis à l'ordination que sur présentation « d'un titre de cent livres de revenu annuel, franc et quitte de toutes charges, par des actes authentiques en bonne et due forme. »

Ceux qui aspiraient au diaconat devaient passer trois mois dans le Séminaire et les futurs prêtres étaient tenus de passer également trois mois dans l'établissement diocésain.

*(Ordonnances synodales du diocèse de Tarbes*, publiées en 1705 par Mgr François de Poudenx. vol. in-18° de 273 pages, v. pages 163-178). — Même ouvrage un peu augmenté, publié par Mgr Pierre de La Romagère de Ronssecy, pp. 128-139, vol. in-12° de 212 pages. (Bibliothèque du Grand-Séminaire d'Auch).

de bonnes dispositions pour l'état ecclésiastique. »

Les Religieux acceptent d'ailleurs toutes les charges provenant des *Unions* faites au Séminaire ou des donations promises en faveur de leur maison et ils s'engagent « à faire une *mission* à l'ordre par eux-mêmes ou par quelques-uns de leurs confrères, de six en six ans. »

Les sujets originaires de la ville de Lourdes, qui aspireraient à l'état ecclésiastique, avaient le droit à perpétuité d'être reçus au Séminaire, pour y faire leurs études, en payant seulement les deux tiers de la pension ordinaire. Nous verrons bientôt que cet avantage avait son origine dans une donation consentie par M^lle de Pujo, en faveur du Séminaire de Tarbes.

Toutes les dépenses occasionnées au Séminaire, par la réparation des bâtiments, l'entretien du personnel, les gages des domestiques, demeuraient à la charge des Doctrinaires, mais ceux-ci n'étaient pas tenus de nourrir gratuitement les ecclésiastiques venus dans leur maison, soit pour y suivre les cours, soit pour s'y préparer aux Ordres, soit, enfin, pour y faire des retraites, sur l'ordre de leurs évêques. Tous les internes devaient payer une *pension convenable* dont le prix serait réglé par l'Evêque, suivant la valeur courante des vivres.

Cet acte d'accord entre les Doctrinaires et Mgr de Poudenx fut rédigé à Tarbes, par Lacay, notaire, en présence de nombreux témoins parmi lesquels nous remarquons : MM. Clément Dupont, chanoine, archidiacre et député des chanoines, Thomas-Charles de Poudenx, chanoine, archidiacre, François Castaing, archiprêtre de la cathédrale de Tarbes et promoteur de ce diocèse.

## II

Ainsi se trouvaient accomplis les vœux ardents de messire Marc-Malier de Houssay, évêque de Tarbes ! Grâce aux efforts persévérants de son successeur, la Bigorre possédait désormais un séminaire où la jeunesse cléricale viendrait puiser, avec la science du sanctuaire, l'esprit ecclésiastique et le zèle pastoral. Pour mieux assurer le succès de son entreprise, Mgr de Poudenx, se conformant aux désirs du Concile de Trente, créa des revenus en faveur du nouvel établissement. Ce ne fut pas sans peine, il faut en convenir.

La voie des impositions sur le clergé, conseillée par les Pères de Trente, n'offrait aucun bon résultat pratique, car presque tous les curés du diocèse étaient *congruistes* et les autres bénéficiers se trouvaient écrasés par les impositions ordinaires et extraordinaires réclamées par l'Etat. D'ailleurs, il n'y avait pas dans le diocèse de *bénéfices simples*, susceptibles d'être *unis* au Séminaire, puisque la plupart étaient de *patronage laïque* et que pas un n'avait des revenus suffisants pour acquitter les charges dont il était frappé (1).

Que faire donc en de si tristes conjonctures ?

La Providence vint au secours de l'Evêque. Il y avait dans la ville de Tarbes, un excellent chrétien, le sieur Pujo, seigneur de His et de Domex, qui jouissait de l'*abbaye laie* d'Esterré, dans la vallée de Barèges. Cette abbaye dépendait autrefois de la maison de Monblanc (2). La famille du seigneur de His se composait de deux enfants : d'un

(1) *Archives du Grand-Séminaire d'Auch*, n° 18,130.
(2) *Ibid.*, n° 18,111.

fils, nommé Alexis et d'une fille, appelée Madeleine. A la mort de noble Pujo, on apprit que le bienfaisant défunt destinait une partie des biens de sa maison à la fondation d'un couvent dans la ville de Lourdes, dans le cas où ses enfants viendraient à décéder sans légitime descendance.

Or, Alexis de Pujo mourut sans enfants. Madeleine, sa sœur, déjà avancée en âge et décidée à garder le célibat jusqu'à la fin de ses jours, résolut alors d'accomplir, par anticipation, les pieuses volontés de son père. Elle s'adressa donc à Mgr de Poudenx, évêque de Tarbes, et le pria d'ordonner l'exécution de la clause du testament du seigneur de Ilis, relative au couvent à ériger dans la ville de Lourdes. Par ordonnance du prélat, les projets de construction d'une maison religieuse furent notifiés au maire, aux consuls, aux habitants, au curé, aux prébendiers de la communauté de Lourdes (9 août 1711). Mais loin d'approuver un tel dessein, la ville tout entière de Lourdes protesta énergiquement et s'opposa à la réalisation de ce plan par deux délibérations en date du 10 et du 14 août 1711.

C'est alors que Madeleine de Pujo, désireuse de donner une destination sainte aux biens légués par son père pour l'érection d'un couvent, adressa une seconde requête à l'évêque de Tarbes. Elle le suppliait de consacrer l'héritage demeuré libre par le refus des habitants de Lourdes à une autre œuvre, de son choix.

Le promoteur diocésain, chargé d'instruire cette affaire, proposa à Mgr Poudenx d'appliquer le legs du seigneur de His à l'entretien du Séminaire de Tarbes, dont les besoins étaient si grands! L'idée était excellente. L'*Union* proposée de l'*abbaye laie* d'Esterré, etc. au Séminaire fut aussitôt acceptée par le prélat par *décret* du 22 août 1711.

Néanmoins, le Séminaire ne devait pas entrer tout de suite en jouissance des biens du seigneur de His (1), car la mort d'Alexis

(1) Dame Marie d'Incamps de Loubies, épouse d'Alexis de Pujo, baron de His et maire de Tarbes, avait elle-même fait, pour son père, une fondation pieuse dans le Collège des Doctrinaires de Tarbes. En conséquence d'une transaction passée à Pau par Jean Cazenave, notaire (12 mars 1691), il fut réglé entre elle et les PP. Barthélemy de l'Hospital, provincial des Doctrinaires, et François Leymarie, recteur du Collège de Tarbes, que les Pères du Collège de Tarbes feraient « à perpétuité de trois en trois ans, à commencer l'année 1699, la mission portée par le testament de Louis d'Incamps de Loubies, scavoir pour la première fois dans la terre et paroisse d'Incamps, diocèse de Lescar, trois ans après

Pujo qui, de son côté, avait fait beaucoup de
legs pies, imposa de lourdes charges à
Madeleine de Pujo, sœur de ce dernier.
L'évêque de Tarbes et le syndic du clergé,
justement préoccupés de cette situation et
ne voulant pas que le zèle de Mlle de Pujo
tournât à la ruine de leur bienfaitrice,
s'obligèrent verbalement « et même par
délibération » à lui laisser, sa vie durant, la
jouissance de la fortune de son père. Ceci
nous explique avec clarté les réserves intro-
duites par l'évêque de Tarbes dans son traité
avec les Doctrinaires, touchant la dotation
du Séminaire.

Le 20 août de cette même année, 1711,
Mlle de Pujo présenta une autre requête à
l'évêque de Tarbes, afin d'obtenir « l'extinc-
tion de deux chapellenies appelées d'*Es-*

dans la paroisse de Gardères, diocèse de Tarbes, de
trois en trois ans après dans la vallée d'Ossau et aux
Forges, trois ans après, dans la paroisse de His et ce
pendant l'espace de trois semaines au temps de l'année,
qui sera jugé le plus commode pour lesd. Pères durant
le temps desquelles lesdits Pères seront tenus et obligés
de distribuer la somme de trente livres conformément à
l'intention de messire Louis d'Incamps, fondateur des
missions. » — Cette fondation fut modifiée plus tard, à
cause du droit d'amortissement que le Collège dut payer
et par suite de la *Déclaration du Roi* qui réduisait la
dette au denier vingt-cinq. *(Archives du Grand-Séminaire d'Auch,* n° 18,150.)

21.

*querré* et du *Gay*, sous l'invocation de saint Blaise » dont elle était patronne, et leur *union* au Séminaire de Tarbes. Il en fut ainsi, par ordonnance du 12 septembre 1711.

La ville de Lourdes se trouvait, de la sorte, et par sa propre faute, frustrée de réels avantages dont l'évêque de Tarbes voulut, cependant, par excès de bonté, faire bénéficier ses habitants, dans une certaine mesure. Nous avons dit, en effet, plus haut, que les Séminaristes de Lourdes devaient être admis au Séminaire de Tarbes, pendant tout le cours de leurs études, moyennant les deux tiers seulement de la rétribution ordinaire exigée des élèves.

Le 10 mars 1712, l'évêque de Tarbes unit encore au Séminaire, du consentement de M. Darbouich, titulaire, la cure de *St-Martin habitu*, située dans la vallée de Barèges et qui n'avait ni paroissiens ni habitants.

Ces *Unions* et quelques autres que nous allons énumérer furent confirmées par lettres patentes données à Paris au mois de juillet 1716, et vérifiées au Parlement de Toulouse, le 8 août de la même année. Les chapellenies de *Gay* et d'*Esquerré* valaient au

Séminaire de Tarbes, toutes charges payées, la somme de 90 livres, 6 sous, et la cure de *St-Martin* lui donnait un revenu annuel de 136 livres, 14 sols, 6 deniers (1). Du reste, voici le tableau des ressources du Séminaire de Tarbes de 1716 à 1721. Nous l'empruntons à nos archives du Grand-Séminaire d'Auch (N° 18,128.)

« Le Séminaire de Tarbes jouit le revenu de deux chapellenies nommées de *Gay* et *Esquerré*, unies au Séminaire par M. Depoudenx, évêque, par son décret du 2 septembre 1711, confirmé par lettres patentes données à Paris au mois de juillet 1716, vérifiées au Parlement de Toulouse le 8 août 1716. Leur revenu, charges payées, est de nonante livres . . . . . . . . . . 90 l.

» Plus jouit du revenu de la cure de St-Martin en Barèges, unie au Séminaire par M. Depoudenx par son décret du 10 mars 1712, confirmé par les lettres patentes cy-dessus de l'an 1716. Le revenu, années communes et charges déduites, est de cent trente-six livres, quatorze sous, six deniers. . . . . . . . . . . 136 l., 14 s., 6 d.

(1) *Archives du Grand-Séminaire d'Auch*, n° 18,128.

» Plus jouit du revenu de la chapellainie nommée de S. Loup unie au Séminaire par un décret de M. Depoudenx, du 28 mars 1716, confirmées par lettres patentes données à Paris au mois de juin 1720, enregistrées au Parlement de Toulouse le 4 février 1721. Le seul fonds portant revenu consiste en une petite vigne et hautain plantés sur un fonds naturellement stérile, et d'ailleurs presque chaque année endommagé par les grêles et les brouillards. Cette terre ne porte, années communes, et charges distraites que vingt livres . . . . . . . . . . . . . . . . . . . . . . . . . 20 l.

» Plus jouit du revenu d'une autre chapellainie rurale, sise en l'annexe de *Houre*, ladite chapellainie nommée d'*Isaac*, dont les revenus, années communes et charges déduites, ne monte que cent quarante-huit livres, quatorze sous, trois deniers . . . . . . . . . . . . . 148 l., 14 s., 3 d.

» Plus jouit d'un *obit* dans la paroisse de Pousac, dont le revenu annuel, charges déduites, monte trente livres . . . . . . 30 l.

» Plus jouit d'autre *obit* dans la montagne, appelé des *Hourrétés*, dont le revenu est de trente-six livres . . . . . . . . . . . . . 36 l.

» Plus jouit certaines rentes des biens

délaissés par M. Bernard Pujo pour la construction d'un couvent dans la ville de Lourde, laquelle ayant formellement refusé cet établissement, M. Depoudeux, évêque, après deux requêtes à lui présentées par Mlle Madeleine de Pujo, fille et héritière du testateur, tendantes à faire cette union desd. biens à telle communauté ecclésiastique qu'il jugerait à propos de choisir, comme le testateur lui en laissait le choix, unit lesd biens à son Séminaire par son décret du 22 août 1711, autorisé par lettres patentes données à Versailles, au mois de juin 1712, vérifiées au Parlement de Toulouse le 2 décembre 1712.

» Et, en conséquence de cette union,

» Le Séminaire jouit de la rente annuelle de trente-six livres établie sur le clergé du diocèse . . . . . . . . . . . . . . . . . . 36 l.

» Plus d'une rente de six cens quarante livres établie sur le païs de Bigorre.   640 l.

» Plus de trois rentes établies sur la ville de Tarbes, lesquelles toutes trois ensemble montent cent soixante - deux livres, dix sous. . . . . . . . . . . . . . . 162 l., 10 s.

» Plus de certaines rentes en grains, establies sur des fonds de terre situés en la paroisse de Sarsan et Anclades, lesquelles rentes montent, année commune, quatre-vingts livres . . . . . . . . . . . . . . . 80 l.

» Plus jouit certaine dîme inféodée, appelée le *Quart d'Aspy*, laquelle, années communes, ne produit que 15 livres. . . 15 l.

» Plus jouit une maison, située dans la ville de Tarbes, rue du Bourgneuf, de laquelle maison on donne à louage diverses chambres. Mais comme elle est tombée en vétusté, les réparations annuelles et indispensables et la taille absorbent tout le revenu du louage. Le revenu annuel ne monte que douze livres. . . . . . . . 12 l.

» Montant des revenus.  1406 l., 18 s., 9 d.

» 1° Pour les décimes et autres impositions non comprises. . . . . . . . . . 046 l., 16 s., 2 d.

1360 l., 2 s., 7 d.

» Dans les charges cy-dessus non marquées . . . . . . . . . . . . 69 l., 10 s., 6 d.

» 2° Obit payable aux Jacobins de Morlas, pour les biens délaissés par Mademoiselle de Pujo . . . . . . . . . . . . . . . 22 l., 4 s.

» 3° Obit payable aux Pères Carmes de Tarbes . . . . . . . . . . . . 11 l., 2 s., 2 d.

» 4° Obit payable aux prêtres de Lourdes . . . . . . . . . . . . . . . . . 13 l., 10 s.

» *Partant ne reste de ce dessus de liquide
pour le Séminaire que*. . . 1360 l., 2 s., 7 d.

## III

L'Evêque de Tarbes, en confiant la direction
de son Séminaire diocésain aux Pères de la
Doctrine chrétienne, leur avait garanti un
revenu de 1,800 livres, sinon pour le moment,
au moins dans l'avenir. Malgré ses meilleurs
soins et ses efforts constants, les ressources
du Séminaire n'atteignaient que le chiffre de
1,360 l., lorsque la mort ravit ce prélat à
l'affection de son diocèse, le 24 juin 1716. Il
laissait pour héritiers de ses biens son Séminaire, qu'il avait tant aimé, et les pauvres de
son hôpital.

De nouvelles *Unions*, sous ses successeurs,
devaient compléter ce qu'il avait si heureuse-
ment commencé.

Il y avait dans le diocèse de Tarbes, aux
environs de Vic-Bigorre, un célèbre monastère
de saint Benoît, fort déchu de son antique
éclat, au dix-huitième siècle, et dont la ruine
remontait aux guerres de Religion du seizième
siècle.

C'était l'Abbaye St-Orens de La Reule-Bigorre (1). A l'époque où nous sommes arrivés, elle dépendait d'un abbé commandataire et ne comprenait que deux ou trois religieux à peine, faisant profession de la

(1) L'abbaye de *La Reule*, dit le *Clergé de France* (t. 1, p. 135) *Sancti Orientii de Regula*, Ordre de saint Benoît, fut fondée vers la fin du dixième siècle, ou au commencement du onzième, par Othon Dat, vicomte de Montaner, fils de Garcias Dat. Le vicomte la dota de plusieurs terres et dîmes qu'il possédait en Béarn et Rivière-Basse et lui donna Mansion pour premier abbé. D'après un texte reproduit dans le *Gallia christiana*, t. 1, p. 195. cet établissement aurait été fait au temps de Louis, comte de Bigorre, vers l'an 970, « époque marquée par la vieille charte de Lareule » dit l'abbé Colomez dans son *Histoire de la Province et Comté de Bigorre*, récemment éditée par M. l'abbé Duffau. « Le monastère de Lareule, ajoute l'abbé Colomez (p. 280) fut incendié l'an 1569, au mois de septembre, lors du passage des troupes de Mongommery, ce qui paraît par le certifié du maréchal de Monluc, donné à Bagnères. » On trouve la preuve de cet évènement dans l'*Enquête de 1575. faite par le sénéchal de Bigorre* (v. les *Huguenots en Bigorre*, pages 162-166-180-188-206, etc.) — *Huguenots en Béarn et Navarre*, p. 84.

Du Bourg, abbé de La Reule, donna des coutumes aux habitants de La Reule, le 1er décembre 1476. Elles commençaient par ces mots : « *Aques son los fors, costumas eus et usadges que la besiau de La Reule an usat et acostumat*, etc. » (V. *nos archives du Grand-Séminaire d'Auch*, n° 11,129, texte original et copie sur parchemin, en mauvais état). Nos archives possèdent également la prise de possession de l'abbaye de La Reule par Roger Dedeans, procureur de Philippe de Baudéan, nommé abbé du monastère par lettres pontificales du 31 mars 1629, n° 2,626.

règle de saint Benoît, mitigée, et vivant à la
manière des Clunistes de Paris, non réfor-
més (1).

La congrégation des *Bénédictins Exempts en
France* prétendit, pendant longtemps, que ce
monastère était placé sous sa juridiction, et
les religieux de La Reule s'y soumirent, de
fait. Ils reconnurent, durant bien des années,
le général de cette congrégation pour leur
*supérieur majeur*.

De leur côté, les évêques de Tarbes crurent
toujours que cette maison était sous leur
juridiction et qu'ils en étaient les supérieurs
immédiats, à l'exclusion de tous autres. Voici
pourquoi : le Concile de Trente et l'Ordonnance de Blois déclarèrent que tous les
religieux de France avaient à se mettre, dans
l'année, sous la juridiction d'un supérieur
général. Dans le cas d'un refus, ils étaient
censés, et de droit, soumis à l'évêque diocésain. Or, le monastère de La Reule n'ayant
pas alors — pas plus du reste que longtemps
après — choisi un supérieur général, les
Evêques de Tarbes regardèrent cette abbaye
comme de leur unique juridiction. Mais

(1) *Archives du Grand-Séminaire d'Auch*, n° 18,132.

n'ayant pu réussir, dans la suite, à établir le bon ordre dans cette abbaye, ils l'abandonnèrent. Les religieux, pour se soustraire à l'autorité épiscopale, se dirent dès ce moment de la *Congrégation des Exempts*, « congrégation purement chimérique » dit un mémoire de nos archives (n° 18,132) « qui n'a ni bulles d'érection, ni lettres patentes, ni autorité. »

Affligé de l'irrégularité de ces moines de nom, Mgr de Poudenx, évêque de Tarbes, s'arrêta au parti de réunir leur abbaye au Séminaire diocésain. Il allait accomplir son dessein lorsqu'il fut surpris par la mort.

Son successeur, Mgr du Cambout, poursuit notre *Mémoire* du séminaire d'Auch, voulut exécuter le projet du prélat décédé. Il plaida donc contre la congrégation des Exempts, au Parlement de Toulouse, et les parties s'en remirent à la décision d'arbitres de leur choix. La sentence ayant été favorable à l'Evêque de Tarbes, le général des Exempts oublia ses promesses. Il fallut engager de nouvelles négociations. C'est alors que Mgr de Cambout, l'abbé commandataire de La Reule et le prieur claustral de ce monastère, eurent recours à l'intervention du cardinal Fleury qu'ils adjurèrent de clore le débat par l'envoi d'un

commissaire spécial. M. de Lasseville, inten-
dant d'Auch, reçut ordre d'intervenir. Or,
celui-ci ratifia le jugement de Toulouse et
déclara le général des Exempts débouté de
toutes ses prétentions.

L'Evèque de Tarbes est supérieur immédiat
du monastère et des religieux de La Reule,
dit le commissaire « et le général des Béné-
dictins-Exempts n'y a pas plus de juridiction
ni d'autorité que le général des Capucins. »
Par conséquent, l'Evêque de Tarbes, en vertu
de son absolue juridiction et du consentement
de l'abbé commandataire aussi bien que des
moines de La Reule, peut, avec un arrêt du
conseil, et sans avoir recours à Rome *potestate
ordinaria*, faire l'union de l'abbaye au Séminaire.

M. de Chastellaillon, abbé commandataire
de La Reule, Dom de La Salle, prieur claustral,
et Dom Lavant — ces deux derniers seuls
véritables religieux de Larreule, en 1745 —
souscrivirent volontiers à l'*Union*, qui était
un bienfait signalé pour le Séminaire de
Tarbes « pauvre et peuplé d'un grand nombre
d'élèves. » L'*union* projetée allait assurer pour
plus tard près de mille écus de rente annuelle
à cet établissement, où les abbés de La Reule

et les Evêques de Tarbes pourraient nommer des sujets pour y suivre les cours aux mêmes conditions que les boursiers du séminaire de St-Magloire. Dom de La Salle et Dom Lavant n'exigeaient, en retour de l'*Union* (1), qu'une pension viagère convenable.

Deux autres prétendus religieux, qui n'avaient du moine que l'habit usurpé, et encore!... créaient mille embarras à l'abbaye et à l'Evêque de Tarbes. Le premier, dont le nom n'est point conservé dans nos archives, était originaire de La Reule, et avait fait résigner en sa faveur par le dernier sacristain l'*office claustral de sacristain*, grâce à l'appui des Bénédictins Exempts qui lui donnèrent l'habit de novice sans lui faire *faire profession.* En 1745, il jouissait déjà depuis huit à neuf ans d'un bénéfice régulier, et ne reconnaissait aucune autorité, pas plus celle de l'évêque diocésain que celle du prieur claustral de La Reule. C'était un simple intrus, un de ces parasites, comme on en rencontra souvent dans les maisons religieuses en décadence, au

(1) Les évêques d'Aire avaient opéré une union de ce genre dans leur ville épiscopale, peu d'années auparavant. La mense abbatiale du Mas fut, en effet, annexée au Séminaire d'Aire.

lendemain des grandes perturbations. Notre
faux sacristain de La Reule n'avait qu'un but :
causer des ennuis et des dégoûts à l'abbé de
La Reule, après avoir tenté d'assassiner un
prieur et d'en chasser un autre. (V. nos archives, n° 18,132).

Les notes manuscrites que nous analysons
nous présentent ce sujet comme un misérable
de la pire espèce, *frère d'un notaire de La Reule
et le coq du village...*

Le second soi-disant religieux, un certain
Rigal, était un idiot, âgé de cinquante ans, ne
sachant ni lire ni écrire, et n'ayant par conséquent jamais reçu un ordre quelconque. On
avait abusé de sa stupidité pour lui vendre un
titre de moine, comme si quelqu'un pouvait
disposer de ces titres, en dehors de l'abbé !...
Puis, on avait ordonné à Dom de La Salle,
prieur claustral du monastère, de le recevoir
à profession, ce qui était nul de plein droit.
Naturellement, on repoussa ses prétentions,
quand il voulut revendiquer des droits sur les
biens de l'abbaye.

Telle était la navrante situation de la maison,
lorsque messire Pierre de Beaupoil de St Aulaire, évêque de Tarbes, pour mettre un
terme à tant de scandales, unit au Séminaire,

par « décret » du 19 janvier 1746, les revenus des places monacales et de l'office claustral de sacristain, du monastère de La Reule. Sa décision fut confirmée par lettres patentes données à Versailles au mois d'avril 1746 et enregistrées au Parlement de Toulouse, le 12 juin 1746, pour être enfin inscrites à la Chambre des comptes de Navarre, le 23 juillet 1746.

Par cette *union*, le Séminaire de Tarbes voyait ses ressources grandir, sinon pour le moment, du moins pour l'avenir, par les décès successifs des derniers moines de La Reule. Aussi son personnel devait-il être porté au chiffre invariable de cinq directeurs. « Il ne pourra y avoir, dit la seconde clause du contrat d'union, moins de cinq directeurs au Séminaire, dont deux des prêtres seront occupés à enseigner des traités de théologie, à expliquer la morale et cas de conscience soir et matin, qui feront deux fois par semaine des conférences sur l'Ecriture sainte, enseigneront le plain-chant, les rubriques et cérémonies » (1).

Du reste, voici la nomenclature des biens

(1) *Archives du Grand-Séminaire d'Auch*, n° 18,131.

attribués au Séminaire de Tarbes par l'*Union*
de l'abbaye de La Reule. Nous la prenons dans
nos archives du Séminaire d'Auch (n° 18,128).

« UNION DES PLACES MONACALES ET OFFICE
CLAUSTRAL DU MONASTÈRE DE LAREULE AU
SÉMINAIRE DE TARBES.

» M. Pierre de Beaupoil de S. Aulaire,
évêque de Tarbes, par son décret du 19 janvier 1746, unit à son Séminaire les revenus
des places monacales et de l'office claustral de
sacristain. Ce décret fut confirmé par lettres
patentes données à Versailles en 1746.

» En conséquence de cette *Union*, le Séminaire jouit des revenus suivants :

» 1° D'une portion de dîme de la paroisse
de Maubourguet, au quartier appelé Lalanne,
affermée 1,420 livres. . . . . . . . . . 1,420 l.

» 2° Autre portion de dîme en la même
paroisse, au quartier St-Michel, affermée pour
la somme de 642 livres. . . . . . . . . 642 l.

» 3° Autre portion de dîme en la paroisse de
Lafitolle, affermée 460 livres. . . . . . 460 l.

» 4° Autre portion de dîme en la paroisse
d'Auriabat, affermée 140 livres . . . . 140 l.

» 5° Autre portion de dîme en la paroisse de
Bentajou, affermée nonante-deux livres.  92 l.

» 6° Autre portion de dîme, au lieu de Moncaup, affermée 60 livres. . . . . . . 60 l.

» 7° Autre portion de dîme au quartier de Pelagaries, affermée trente livres . . 30 l.

» 8° Autre portion de dîme dans la paroisse de Lareule, affermée 473 livres . . . . 473 l.

» Montant des dîmes . . . . . . . . 3,317 l.

Voilà les revenus que l'*Union* de La Reule garantirait un jour au Séminaire de Tarbes, sans compter les ressources fournies par des bénéfices, des biens substitués dont nous avons parlé plus haut et qui s'élevaient à 1,360 livres, 2 sous, 7 deniers.

Mais, combien de charges en retour, pour La Reule seulement !

L'abbaye disparaissant, on ne devait pas, cependant, oublier les fondateurs et bienfaiteurs de l'antique maison. Il y avait donc des dettes légitimes à acquitter par le Séminaire, devenu de fait le continuateur du monastère bénédictin. Il ne sera pas sans intérêt d'étudier les devoirs imposés aux Doctrinaires par le décret d'*union* du 19 janvier 1746.

1° — Le séminaire de Tarbes aura à payer 320 livres environ pour droits de *décimes*.

2° — Il reste deux religieux de l'ancien

monastère. Le Séminaire devra leur fournir une rente annuelle viagère de 1,700 livres, savoir : 800 livres à Dom Claude Charles Paparel de Lassalle, prieur, et 900 livres à Dom Pierre Lavant, religieux sacristain claustral de l'abbaye. Après l'*Union*, ces deux moines n'auront plus aucun droit sur la maison, en dehors des pensions qui leur seront servies, *quittes de toutes charges* ordinaires et extraordinaires, à partir du mois de janvier 1746 et à l'avance, le 10 janvier et le 18 juillet de chaque année.

3° — L'abbaye de La Reule percevait la dîme dans le quartier de *Pelagarie*, en Maubourguet, nous l'avons dit plus haut. Or, ces dîmes avaient donné lieu, bien longtemps, à de vives contestations entre « l'archidiacre au titre de Rivière-Basse, de l'église cathédrale de Tarbes et les religieux de La Reule. » Un jour, pour mettre fin à toute discussion sur ce point, il fut convenu entre l'archidiacre et les moines que ces derniers prendraient tous les fruits décimaux de *Pelagarie* et paieraient, au premier, la somme de 90 livres. Afin de ne rien innover, l'abbé commandataire de La Reule, archidiacre de Rivière-Basse, se borna à demander au Séminaire, à l'époque de

l'*Union*, de lui maintenir la rente tradi-
tionnelle, ce qui lui fut accordé.

4° — Le Séminaire dut continuer encore à
servir à M. Montus, une rente annuelle de
13 livres, 17 sous, 6 deniers que le monastère
lui payait avant l'Union.

5° — En se substituant aux moines de La
Reule, le Séminaire s'engageait à satisfaire
aux obligations des religieux autrefois chargés
du service de l'Eglise abbatiale, et des fondations établies par les bienfaiteurs de la
maison. Les Doctrinaires s'engagèrent donc à
faire nommer à La Reule un chapelain amovi-
ble, à la nomination de l'Evêque de Tarbes.
Les fonctions de cet ecclésiastique devaient
consister à dire tous les dimanches et jours de
fête l'une des deux messes de la paroisse, au
choix du curé de La Reule, et à servir de
vicaire au curé pour l'administration de la
paroisse et des sacrements. De plus, tous les
jours de la semaine, il avait à célébrer la messe
à l'intention des fondateurs et bienfaiteurs de
l'abbaye, à acquitter les obits et fondations
fixes (1).

(1) Le chapelain devait dire, tous les jours, la messe
pour les fondateurs et bienfaiteurs de l'abbaye et le curé
était tenu d'acquitter toutes les messes obituaires et de

Les ornements et vases sacrés de l'église
abbatiale étaient mis à son service et son trai-
tement annuel fourni par le Séminaire était
de 300 livres, payables en quatre termes, de
trois mois en trois mois, sans compter une
maison meublée mise à sa disposition et bâtie
aux frais des Doctrinaires. Le chapelain
répondait seulement du mobilier du logement
qu'on lui fournissait, et qui portait la dépense
annuelle du chapelain — tout compris — à
320 livres.

6° — Le chapitre des religieux et le sacristain claustral de La Reule devaient, en vertu des
anciens usages de leur maison et par suite de
diverses transactions, de celle du 8 mai 1635,
en particulier, le chapitre et le sacristain, dis-
je, devaient fournir pour le service divin,
tant conventuel que paroissial, le pain, le vin,
la cire des messes, l'huile de la lampe perpé-
tuelle devant le Saint Sacrement et un sacristain pour s'occuper des soins à donner à
l'église abbatiale et paroissiale. Les moines
disparaissant, toutes ces charges retombèrent
sur le Séminaire qui dut payer annuellement
110 livres pour les frais du culte divin, répa-

fondation, autrefois célébrées par les moines. mais il
avait droit à l'honoraire appliqué à ces services.

ration des ornements, etc., et 50 livres pour le sacristain. Celui-ci était tenu de se mettre à l'entière disposition du curé de La Reule pour tout ce qui regardait l'église : blanchissage, conservation des ornements, balayage, au moins une fois par semaine.

Le Séminaire de Tarbes s'engagea à verser la somme de 160 livres entre les mains du principal marguillier de l'église (celui du Saint Sacrement) qui ne pouvait en disposer que du consentement du curé de La Reule (1) et de l'emploi duquel il devait justifier, tous les ans, au mois de décembre, par-devant le curé, les consuls et les principaux habitants de La Reule. Si la somme intégrale de 160 livres n'était pas employée dans l'année, l'excédent devait être déposé dans un coffre à deux clefs confiées, l'une au pasteur de la paroisse et l'autre à un consul ou à un marguilier distinct du trésorier.

7° — Il ne convenait pas que l'éducation des enfants fût négligée dans la paroisse de La Reule au départ des derniers Religieux dont le monastère fut jadis un foyer de science. En conséquence, il est réglé que le Séminaire de

(1) En 1716, le curé de La Reule se nommait Robin. (V. l'accord dans nos archives).

Tarbes paiera une somme annuelle de 120 livres pour entretenir à « La Reule un maître d'école pour l'instruction des enfants, lequel leur enseignera les principes de la foi et religion catholique, apostolique et romaine, à lire et écrire et à compter. » L'Evêque se réservait le choix du régent.

8° — L'église de La Reule, abbatiale et paroissiale tout à la fois, avait des dimensions plus considérables que si elle n'eût été destinée qu'au service paroissial. Les frais d'entretien et de réparation étaient donc plus onéreux pour les habitants. Dans le but de soulager la population au sujet des dépenses exigées pour la conservation et les restaurations soit de la nef, soit du clocher, le Séminaire prit l'engagement de fournir désormais, après l'*Union*, le tiers des frais réclamés par ces deux parties de l'édifice religieux (1). Il

(1) L'église abbatiale de La Reule fut brûlée, en 1569, (septembre) par les hordes protestantes de Mongommery. (V. les *Huguenots en Bigorre*. pages 162. 166. 180. etc. Ce monument fut restauré après la tourmente et sert encore d'église paroissiale à La Reule (canton de Maubourguet). C'est le seul vestige de l'antique monastère, avec quelques débris de chapiteaux et de colonnes disséminés dans le village.

L'église de La Reule eut pour patron, à l'origine, saint Orens. De nos jours, elle est sous le vocable de *saint Roch*. Saint Esselin, confesseur, y est également

promit en outre de contribuer pour moitié à la restauration de l'autel principal, à l'entretien des bâtiments de la sacristie et des meubles,

honoré d'un culte tout particulier. Le Bienheureux mourut dans une lande voisine du village et située à l'ouest de l'église, s'il faut en croire une antique tradition. Les bœufs chargés de traîner ses restes mortels, dit la légende, ne voulurent se mettre en marche que lorsqu'on leur eut laissé la liberté de se diriger vers l'église de La Reule où le corps du défunt fut déposé.

·L'édifice est précédé, à l'ouest, d'une belle tour rectangulaire, en apparence, mais, de fait, terminée au sommet par six faces dont les trois occidentales déterminent des pans coupés surmontés d'une très modeste flèche sans hardiesse. La pierre de grand appareil domine dans le pan terminal de l'ouest. Tout le reste de l'édifice est bâti en cailloux, sauf le sommet de la tour construit en briques.

Point de contreforts au mur méridional percé de trois baies cintrées qui tiennent lieu des trois fenêtres primitives dont on voit la trace un peu plus haut. Deux chapelles ont pris la place des bras du transsept probablement détruit à l'époque des guerres de religion. Trois lignes lombardes munies, chacune, d'une ouverture romane, soutiennent, à l'est, le chevet semi-circulaire de l'église où se montrent aussi quatre autres fenêtres romanes ornées de colonnettes à base attique et à chapiteau ouvragé. Ces baies sont disposées suivant une ligne plus élevée que celle des fenêtres pratiquées dans les lignes lombardes.

Cette partie du monument conserve encore des traces visibles de *la litre*.

Le cimetière paroissial se développe au nord de l'église où l'on vit s'élever jadis, dit-on. neuf petites chapelles dont la façade antérieure était parallèle au mur du cloître encore debout en cet endroit.

On entre dans l'église abbatiale de La Reule par un beau portail cintré moderne qui a remplacé la porte primitive. Ce portail s'abrite sous une corniche en ressaut

ainsi qu'à l'achat des vases sacrés, des livres
et des ornements nécessaires au culte.

Enfin, le Séminaire promettait d'aider pour

reposant sur huit corbelets historiés. Son tympan est
orné de l'image du Sauveur entouré des figures symbo-
liques des quatre évangélistes ; cette partie est très
ancienne. Elle provient, parait-il, de la porte qui reliait,
jadis, l'église aux cloîtres.

L'inscription gravée autour de l'auréole ovale du
tympan a donné lieu à diverses lectures. M. de Lagrèze
en a fourni une très fautive. Il faut lire : Sic sedet
æterne Deitatis imago, paterne cuncta replendo regit
sustinet atque tegit.

L'église a une seule nef dominée par une voûte
ogivale factice (en latte-feuille) dont les nervures repo-
sent, aux murs du nord et du midi, sur des consoles
historiées qui accompagnent les chapiteaux à simple
corniche de pilastres destinés à soutenir la base des
larges arcs doubleaux. — Cinq puissantes colonnes en
bois soutiennent une belle tribune à l'ouest de la nef
dont la quatrième travée, à l'est, ouvre au moyen de
deux grands arcs cintrés soutenus par des piliers, sur les
chapelles bâties à la place des deux bras de l'ancienne
*croisée.*

Le *chevet* semi-circulaire constitue la partie vraiment
monumentale de l'édifice. Son aire s'élève de quelques
centimètres au-dessus de celle de la nef. Des piliers
saillants sommés de corniches historiées, en guise
de chapiteaux, déterminent autour du chœur neuf
arcatures romanes avec archivolte qui se développent
sous une corniche à modillons simples servant de base
aux quatres fenêtres romanes signalées à l'extérieur. La
troisième arcature de chaque côté et celle du fond du
chœur présentent, à leur tour, d'élégantes baies romanes.

La voûte en pierre de l'avant-coupole a la forme
ogivale sans arêtes ni nervures. Celle de la coupole
présente le même aspect au sommet et s'arrondit en
cul-de-four à la base. Cette apparition du style gothique
très visible aux arcs de la coupole et de l'avant-coupole,

sa quote-part, à la restauration des églises des paroisses dans lesquelles il allait prélever une portion de dîme, c'est-à-dire à Laffitole et à Maubourguet. Il fallait, pour acquitter tous ces engagements, au moins une somme annuelle de 80 livres.

9° — A la mort des deux derniers religieux auxquels le Séminaire promettait de fournir une pension viagère, les paroisses de La

aussi bien qu'à leurs voûtes, dans un édifice roman, offre un charme spécial en marquant la période de transition architecturale qui distingue l'église de La Reule dont le chœur est orné de belles peintures modernes. — Des portes à arc en anse de panier, pratiquées dans le premier pan du chevet, à droite et à gauche, donnent accès dans les sacristies actuelles. L'ancien *sacrarium* se trouvait probablement dans la petite absidiole voûtée en pierre qui est au nord du chœur de l'église et ouvrait, jadis, sur le bras gauche du transsept.

Convient-il de rapporter ici une inscription peinte en couleur *rouge-brique* au haut du clocher de l'église de La Reule? Peut-être. On y trouvera une indication historique. La voici donc, dans sa vulgarité gasconne :

RESTAURÉ
PAR L'AUTORISATION DU PRÉFET DU DÉPARTEMENT ET PAR L'ORDONNANCE DE J. M. LAFON, MAIRE DE CETTE COMMUNE. LES TRAVAUX ONT ÉTÉ EXÉCUTÉS PAR LES ARTISTES DE LA COMMUNE : 1° MOLONGUET Jⁿᵉ, MOLONGUET Aᵐᵉ, MOLONGUET Aᵐᵉ AINÉ, TOUS LES TROIS CHARPENTIERS; 2° CASTEROT, PIERRE, COUVREUR; 3° DUPLAN, FORGERON, PÈRE ET FILS; 4° DUMESTRE, TAILLEUR DE PIERRE ET SANS OUBLIER L'ARTISTE PLANTÉ, COMPAGNON, TAILLEUR DE PIERRE, VENANT DE PARIS, TERMINE AVEC L'APPLAUDISSEMENT D'UN PEUPLE IMMENSE, LE 20 SEPTEMBRE DE L'AN 1816.

Reule, de Parabère, de Laffitolle et de Maubourguet devaient ressentir quelque avantage
de l'*Union* de l'abbaye au Séminaire de
Tarbes. Il fut réglé qu'il serait fondé dans le
Collège diocésain deux bourses et deux demi-
bourses que l'Evêque accorderait à des séminaristes pauvres, originaires de ces localités.
Et dans le cas où ces paroisses ne fourniraient
pas un nombre suffisant de sujets pour jouir
des quatre places, l'Evêque se réservait d'en
faire bénéficier « d'autres élèves du diocèse
qui en auront plus de besoin et qui feront
espérer qu'ils seront un jour utiles à l'Eglise. »

Une bourse et une demi-bourse devenaient
applicables à la mort de l'un des deux religieux. Les deux autres places ne devaient être
disponibles qu'à la mort du second moine. (Arch.
du Grand-Séminaire d'Auch, n° 18,131) (1).

10° — En outre, le Séminaire avait à célébrer un grand nombre de messes, à raison de
l'*Union* de *La Reule*. Voici, en effet, les termes
précis du cinquième article de l'accord conclu
entre les moines et l'Evêque, à l'époque de

(1) La durée des cours du Séminaire de Tarbes, avant
la Révolution, paraît avoir été fixée à neuf mois. « Il
faudra nourrir pendant *neuf mois* deux séminaristes
gratis et deux pour demi-pension. » (*Archives du Grand-
Séminaire d'Auch*, n° 18,128.

l'*Union* : « Sera célébrée dans la chapelle du
Séminaire, une messe haute chaque semaine,
pendant le temps que les séminaristes s'y
trouveront, avec le *Repons Libera*, *De profundis*
et oraison, pour les bienfaiteurs et fondateurs
du Séminaire. Et, pendant le temps qu'il
n'y aura point de séminaristes dans le Séminaire, sera dite une messe basse chaque
semaine, avec le *Libera*, *De profundis* et oraison
susdite. Et, de plus, une fois le mois, un
*Nocturne* avec les *Laudes* de l'office des morts,
pour les mêmes bienfaiteurs et cela toujours
et à perpétuité. Et sera chanté tous les
dimanches et fêtes, à la fin de la messe
conventuelle dud. Séminaire par lesd. séminaristes, trois fois : *D^ne*, *salvum fac regem*,
et, ensuite, sera dit le verset et oraison pour
le Roi. »

Les personnages qui figurent dans l'accord
important que nous venons d'analyser, sont :
l'Evêque de Tarbes, Mgr de S. Aulaire; M. de
S. Aulaire, abbé de La Reule; le P. Carponein,
sup. du Séminaire de Tarbes; M. Robin, curé
de La Reule; le P. Dom Claude-Charles
Paparel de La Salle, dernier prieur de La
Reule, et Dom Pierre Lavant, dernier moine
de l'abbaye qui, désormais, ne sera plus

qu'une vague ombre d'elle-même (1). Son église demeurera encore debout, mais ses moines, mais ses chants, mais ses prières de tous les jours, tout cela disparaît au milieu du dix-huitième siècle ! C'est à peine si nous pourrons saisir un dernier écho bien affaibli des psalmodies du célèbre monastère dans l'enceinte du Séminaire diocésain de Tarbes !

L'antique abbaye de St-Orens de La Reule conservera cependant comme une apparence de vie, grâce à la nomination régulière, jusqu'à la Révolution, d'abbés commandataires dont le titre est purement honorifique à partir de 1746 (2).

Quel spectacle désolant ! En 1746, disent nos archives, « le temporel de La Reule est envahi par la famille de Novères et le spirituel entièrement abandonné, » par les agissements de deux misérables intrus qui se font

____

(1) M. de Lagrèze a consacré une petite étude au monastère de Lareule, dans son *Histoire religieuse de la Bigorre*, p. 362. — Voir aussi : *Histoire du Montanérez*, par l'abbé Marseillon.

(2) *Le Clergé de France* donne la liste de tous les abbés connus de La Reule, depuis Mancion, en 1009, jusqu'en 1771, époque de l'impression de l'ouvrage de HUGUES DU TEMPS. Ils furent au nombre de 33. Le dernier mentionné (t. 1, p. 536) est VALENTIN DE CHARITTE, abbé commandataire, vicaire général d'Auch, ancien prieur de Sorbonne, nommé en 1761.

les bourreaux des derniers religieux légitimes !

Voici comment le *Mémoire* (1) que nous avons sous les yeux, dépeint les derniers moments de la célèbre abbaye : « Des relligieux (l'expression est inexacte, c'est *faux religieux* qu'il faut dire) qui plaident et se battent continuellement jusques au pied des autels avec grand scandale, qui ne recognoissent aucun supérieur, les battent, les chassent, les maltraitent, des relligieux dispersés de part et d'autre, tous hors de leur monastère sans acquitter aucune fondation. Il y a des procès-verbaux qui font foy de tous ces faits et Dom De La Salle, prieur claustral qui a été obligé de fuir pour éviter la cruelle persécution qu'on lui faisait, s'oblige de rester toute la vie en prison au pain et à l'eau, si l'on trouve dans ce *Mémoire* un fait qui ne soit exactement vray. » Comme il n'arrive que trop souvent, ici, la justice se voyait écrasée par la force brutale ; aussi la sécularisation des deux derniers moines légitimes s'imposait-elle à l'Evêque. Elle eut lieu dans les conditions que nous venons de voir. Un heureux accord fit passer au Séminaire de

_________

(1) *Archives du Grand-Séminaire d'Auch*, nº 18,132.

Tarbes les charges créées par les fondateurs et bienfaiteurs de l'abbaye de La Reule (1).

Cette *Union* qui imposait, en outre des devoirs examinés plus haut, une dépense annuelle de 473 livres, 17 sous, 7 deniers *pour les dommages de la grêle et des brouillards*, donnait au Séminaire un revenu total de 3,317 livres ; mais comme les charges actuelles s'élevaient au chiffre de 3,277 livres, 15 sous, 1 denier, le bénéfice réel n'était, pour le moment, que de *quarante livres !...*

### IV

Les négociations relatives à l'*Union* de l'abbaye de La Reule au Séminaire de Tarbes venaient à peine de se terminer, lorsque les Doctrinaires se virent inquiétés dans leurs droits sur Esterré (2), dans la vallée de Barè-

---

(1) L'abbaye de La Reule, fondée en 903, d'après nos archives du Séminaire, n° 16.165, et confirmée par Gaston, comte de Foix, vicomte de Béarn, par lettres datées de Morlàs (3 mars 1355), avait eu une durée de 813 ans ! En ce même siècle s'éteignit un autre antique monastère du même nom dans le diocèse de Lescar, le monastère de saint Pierre de *La Réule, Réaule* ou *Reule* (canton d'Arzacq). L'évêque en employa les revenus « à la création de douze places gratuites pour de pauvres ecclésiastiques. » *(Clergé de France,* t. 1, p. 552).

(2) Ces *droits* qui étaient passés de la famille de Pujo au Séminaire, avaient autrefois appartenu à la maison

ges. L'accord signé entre eux  et  Madeleine de
Pujo leur donnait une autorité indiscutable sur
certaines pièces des  *quartiers* de Gèdre-Dessus

de Monblanc, c'est dit ailleurs. L'extrait de *dénombrement* qui suit *(Archives du  Grand-Séminaire d'Auch,*
nº 8,113) en est la meilleure preuve. Nous le reprodui-
sons à cause de son importance, touchant la nature des
dîmes payées à cette époque (1622) par la vallée de
Barèges. — « Extrait du Registre des *Dénombrements*
des Seigneurs de Bigorre, devant MM. Diharse et Pujo,
commissaires de Sa Majesté, le 4 février 1622.
« Dénombrement que noble Anthoine de Montesquiou
et dlle Jeanne de Fenario, mariés, dame héritière de la
maison *de Monblanc* et autres biens en dépendant par
eux tenus noblement. 1º Lesdits mariés reconnaissent
tenir à foy et hommage de Sa Majesté au lieu d'Esquieze,
vallée de Barèges, une maison noble, etc. — Plus led.
seigneur de Monblanc est abbé laij du lieu d'Esterre,
et prend en cette qualité aud. lieu ou terres en dépendantes, les droits décimaux, scavoir de chevraux,
agnaux, burre, fromage, laine, foin et de toute sorte de
grenage. Il est fondateur et patron des églises d'Esterre
et d'Esquieze. — Plus ils perçoivent droits décimaux
de certaines pièces de terre dépendantes de lad. abbaye,
sizes ez lieux de Viela, Sertz, Viey et en la ville de Luz
aux lieux d'Esquièze, Gèdre et Héas, selon l'ancienne
coutume. — Plus aud. lieu d'Esterre, ils perçoivent
l'offertoire du pied de l'authel le long de l'an, est premier voisin et le premier assis au conseil quand il lui
plait précéder les consuls. La cure dudit lieu venant à
vaquer à laquelle est annexée la cure de saint Nicolas
du lieu d'Esquieze, led. seigneur a droit de présenter
en susdites cures comme patron et fondateur desdites
Eglises. — Item le patronage de l'église paroissiale de
St-Julien du lieu de Sazos et du prieuré de N.-D. de
Féas auquel lieu il a deux mazures de vielles maisons
et deux lopins de jardin nobles appelés de Vergès. —
Item perçoivent la dixme de burre, fromage, laine en

et de Héas, car d'après la volonté de la bienfaitrice, ils étaient tenus, *en retour de cette
faveur*, de prêcher une mission « alternative-
ment dans le lieu d'Esterre (3) et dans les
principales villes du diocèse », de dire cent

montagnes de Vic de *Labatsus du Plaa* et de *Darré
laigue*, lesquelles sont paccagées par les étrangers, le
tout à partage avec les Recteurs desdits Vics. » — En
conséquence de ce dénombrement, Mgr Diharse et
M. Pujo maintiennent Antoine de Montesquiou et sa
femme dans tous leurs droits. — *(Archives du Grand-
Séminaire d'Auch*, n° 8,113). — L'abbaye laïc d'Esterré
passa, en partie du moins, dans la famille de Pujo en
1632. — Le 11 septembre 1637, en effet, le viguier de
la vallée de Luz signifie un acte de vente « à faculté
de rachat. » de la moitié de l'abbaye laïque d'Esterre,
consenti le 21 déc. 1632, par noble Fabien de Labar-
rière, sieur de Monblanc, en faveur de Bernard Pujo.
de Lourdes docteur et avocat au Parlement. fils et
héritier de Simon Pujo, bourgeois de Lourdes *(Archives
du Grand-Séminaire d'Auch*, n° 8,112). Nos archives
possèdent le rôle des dîmes perçues par l'abbaye laïque
d'Esterre. en 1637 et les années suivantes. n° 8,111.
A cette même époque. les consuls et habitants d'Esterre
luttent contre certains personnages de la vallée d'Aure
qui voulaient empiéter sur leurs droits. (V. ces diverses
pièces dans nos archives, n° 8,115).
(3) La paroisse d'Esterre, dans le diocèse de Tarbes,
est fort ancienne. Nos archives la mentionnent en 1486.
— A cette date, le vicaire général de l'Evêque de
Tarbes nomme Guillaume Du Bourg, prêtre du diocèse,
« à la cure d'Esterre avec l'annexe d'Esquièze, en rem-
placement de Sans de Puyol qui permute, pour aller
à Betpouy. (V. nos archives, n° 8.146). » — En 1556,
autre nomination à la cure *St-Etienne d'Esterre* avec
son annexe *St-Nicolas d'Esquièze*. (V. nos archives,
n° 8,117).

messes par an et de distribuer, aussi tous les ans, cinquante livres aux pauvres.

Les directeurs du Séminaire s'acquittaient très exactement de ces divers devoirs et jouissaient des trois quarts de la dîme des quartiers (1) de Gèdre-Dessus et de Héas (2) (six

(1) Ces quartiers furent originairement incultes. Plus tard, quelques particuliers d'Esterre, d'Esquièze, de Sassos, de Sassis, de Sère et de Luz les défrichèrent et les mirent en culture. Ils payaient au Roi et à leurs curés respectifs la dîme et les charges imposées par la loi. Les abbés laïques d'Esterre, ayant toujours, dans la suite, joui de ces dîmes, le Séminaire qui leur succédait devait aussi en jouir. *(Archives du Grand-Séminaire d'Auch, n° 1,810)*.

(2) Héas est un antique sanctuaire de la Vierge bâti au milieu des montagnes, et jadis situé dans l'*archidiaconé de Laredan* et l'*archiprêtré de Sère en Barège*. (*)
« On dit dans le pays qu'un pasteur trouva par hasard l'image de N.-D. et qu'en ayant averti les prêtres de la vallée, pas un ne voulut s'y rendre, qu'il s'adressa, enfin, à un M. de Montblanc qui bâtit la première église comme je l'ai trouvée. » *(Souvenir de Bigorre, t. 1, p. 251)*.
Ce langage est celui de M. Napian, chargé du sanctuaire, qui travaillait à la restauration de l'édifice en 1760. Ni la légende ni l'indication sur le constructeur de la chapelle ne peuvent être admises.
Un soir, dit une autre légende plus universellement acceptée et recueillie par M. de Lagrèze *(Pèlerinages des Pyrénées)*, les bergers assemblés sur le *rocher de la Raillé*, aperçurent soudain devant eux la Reine du ciel. Sans que la madone l'eût demandé, les prêtres conçurent le projet de lui bâtir une chapelle. Une seule difficulté les arrêta quelque temps : comment ferait-on pour procurer la nourriture aux ouvriers ?

(*) V. *Souvenir de Bigorre*, t. 1, p. 211.

familles) quand M. Cantonnet, curé de Luz,
exigea, pour sa part, le quart de cette dîme.
C'était en 1718. Pour justifier sa prétention, il

Dieu y pourvut. Lorsque les maçons se furent mis à
l'œuvre, « on vit trois chèvres mystérieuses descendre
chaque jour des nuages qui couvrent les pics voisins et
venir leur apporter un lait délicieux. » Le temple s'éleva
rapidement au milieu de cette sauvage solitude où l'on
ne parvient que par d'étroits sentiers suspendus sur le
bord d'effrayants précipices ou sur le flanc de montagnes toujours prêtes à s'écrouler sous le pied du voya-
geur. (*)
Un acte du 27 sept. 1115, signale une redevance
« consentie en faveur de la maison de *Notre-Dame de
Héas*. » D'autres documents certains attribuent l'érection
de la chapelle primitive à la munificence de la famille
d'Estrade, d'Esquièze, près de Luz, qui voulant procurer
aux bergers du pays la faveur d'un service religieux
régulier, aurait décidé de bâtir une église vouée à *N.-D.
de Héas* ou *Féas*, c'est-à-dire des pâturages, *Hé* ou *Fé*
signifiant *herbe*, *foin*, dit-on.
Le monument, attribué plus haut à M. de Monblanc
par Napian, fut l'œuvre de M. Brune, archiprêtre de
Caixon et prieur du sanctuaire au commencement du
dix-huitième siècle. M. l'abbé de Souillac, vicaire général de Sarlat, patron de la chapelle, l'avait décidé à cette
entreprise, pour laquelle il déclara ne vouloir rien épar-
gner afin de faire de *Héas un endroit magnifique*.
L'archiprêtre de Barèges et M. de Souillac virent les
plans de M. Brune et les approuvèrent. La vallée de
Barèges fit éclater sa reconnaissance envers le bienfaiteur de *N.-D. de Héas*, en lui fournissant des matériaux
et des ouvriers.
On trouve tous ces détails dans une série de dix-sept
lettres adressées à M. de Souillac par M. Brune, que
nous voyons au début de ses labeurs en 1715. Il cou-
ronnait son entreprise en 1721, époque où il s'occupait

(*) Cf. notre livre : *Berceau des PP. de Lourdes* (p. 296). — Paris,
Victor Palmé.

invoquait deux ordonnances, l'une du 11 décembre 1663, l'autre du 24 octobre 1721, émanées des Évêques de Tarbes qui, en chargeant le curé de Luz de tenir un vicaire à Gèdre-Dessus, pour y administrer les sacrements, assignèrent, pour le salaire de ce prêtre auxiliaire, le quart des dîmes perçues par quatre curés de la vallée, sans lui rien adjuger sur les dîmes inféodées. — Les abbés laïques ne contribuèrent jamais à l'honoraire de ce vicaire.

A une époque, il est vrai, le curé de Sassos

---

des autels et d'autres ornementations intérieures. M. de Souillac ne cessa de le diriger pendant toute la durée des travaux. (Voir la correspondance de M. Brune avec M. de Souillac dans le *Souvenir de Bigorre*, t. 1, pp. 137, 239, 241).

Le concours des peuples français et espagnols était fort grand à cette date. La foule des pèlerins était et est encore plus considérable aux deux fêtes principales du 15 août et du 8 septembre.

La Révolution française fit main basse sur les biens du pèlerinage de Héas, mais les murs du sanctuaire furent respectés. Vendue *nationalement*, en 1791, la chapelle demeura pendant cinquante ans au pouvoir d'un propriétaire qui la revendit en ce siècle à Mgr Laurence, évêque de Tarbes, auquel on doit la restauration de ce beau sanctuaire, maintenant confié aux soins des Pères de N.-D. de Garaison.

Le *Pouillé* de Larcher nomme le *pèlerinage de Héas, Notre-Dame de Aguillard*. C'est, sans doute, à raison du voisinage de l'*Aquilla*, torrent qui se précipite du mont des *Aiguillons*.

et le sieur Lafèche, abbé laïque de Sassos, décimateurs dans les quartiers de Gèdre-Dessus et de Héas, avaient été attaqués par le prédécesseur de M. Cantonnet qui voulait les forcer à lui abandonner le quart de leur dîme, à raison des ordonnances dont il vient d'être parlé. Mais un *appel comme d'abus*, relevé de ces ordonnances, imposa silence au curé et donna gain de cause au curé de Sassos et à Lafèche.

Plus entreprenant que son devancier, M. Cantonnet tranche lui-même, en 1741, les difficultés soulevées par ce débat et s'empare tout simplement du quart de la dîme inféodée, jusque-là possédée par le Séminaire de Tarbes. Ce dernier eut à souffrir de ces bizarres procédés, probablement dus à une fausse interprétation des ordonnances épiscopales dont j'ai déjà parlé. Dans tous les cas, les empiétements de M. Cantonnet donnèrent lieu à un procès fort long et très coûteux.

Par *exploit* du 21 août 1761, les Doctrinaires firent assigner le curé de Luz par-devant le sénéchal de Tarbes, « pour voir maintenir le Séminaire comme procède, en la propriété, possession et jouissance de la dîme aux quartiers de *Gèdre-Dessus et Héas*, dépendant de l'abbaye d'Esterre, se voir condamner à rendre et restituer la portion de la dîme desdits quartiers dont il s'est emparé depuis quelques années par état ou à dite d'experts, si mieux il n'aime payer la somme de cent livres (1) » depuis l'origine des envahissements.

Le sénéchal rendit une sentence favorable aux Doctrinaires, le 7 septembre 1762, en établissant que le Séminaire de Tarbes et ses prédécesseurs dans l'abbaye laïque d'Esterre jouissaient sans conteste, depuis très longtemps, des dîmes de *Gèdre-Dessus*, de *Héas* et du *Pont de Pragnères*. M. Cantonnet fit aussitôt appel du jugement, tout en admettant qu'il y « a une abbaye laïque dans le lieu d'Esterre et que l'abbé laïque a le droit de percevoir comme inféodée la dîme des fruits qui se recueillent dans le détroit de cette abbaye ». Mais revenant plus tard sur ses pas, il nia tout dans un dernier *factum* imprimé du 24 mai 1772. Puis, il demanda dans une nouvelle requête à être maintenu dans ses prétentions. C'était au préjudice des Doctri-

(1) Le Séminaire avait perdu cent livres par an sur les baux à ferme de l'abbaye d'Esterre, depuis que M. Cantonnet en avait pris le quart *(Archives du Grand-Séminaire d'Auch, n° 18,141)*.

naires qui avaient cependant, par actes authentiques, la jouissance comme abbés laïques
d'Esterre, non-seulement des dîmes usurpées
par le curé de Luz, mais encore des trois
quarts de toutes celles qui dépendaient de
l'abbaye laïque d'Esterre et se trouvaient
situées à Viella, à Sers, à Lus, à Esquièze, à
Gèdre et à Héas (1). Le quatrième quart
appartenait aux Bénédictins de St-Savin (2).

L'obstination de M. Cantonnet, dans cette
malheureuse affaire, fit éclore une longue
série de *Mémoires* imprimés qui coûtèrent
des sommes considérables aux deux parties
adverses. L'issue finale du débat nous échappe,
mais les droits du Séminaire paraissent si
certains, que nous pouvons raisonnablement
supposer qu'elle fut favorable aux Doctrinaires
qui eurent également à défendre les intérêts
de leur maison contre des réclamations parties

(1) *Archives du Grand-Séminaire d'Auch*, n° 18,143.
(2) L'abbaye de Saint-Savin de Lavedan (diocèse
de Tarbes), ordre de saint Benoît, doit, dit-on, son
origine au saint dont elle porte le nom. Savin, des
comtes de Barcelone, s'étant fait moine à St-Martin-
de-Ligugé, serait venu s'établir au milieu des Pyrénées
et aurait fondé le monastère qui fut doté plus tard par
Charlemagne, selon Marca, ou par Louis le Débonnaire,
selon Mabillon. Après le passage des Normands, Ray-
mond, comte de Bigorre, releva l'abbaye que la Révolution fit disparaître.

de Iïis, en 1777. Nous savons ces derniers détails, par des lettres de nos archives (n° 18,131),
adressées à *M. Larroque, doctrinaire, professeur
de théologie*, à *Tarbes*.

Ces misérables querelles d'intérêt se pour-
suivaient avec animation, juste au moment
où déjà grondait, à l'horizon, le terrible
ouragan qui devait emporter, avec les débris
du régime féodal détruit, nos vieilles insti-
tutions chrétiennes de tout ordre ! Le Séminaire
de Tarbes, imbu des principes du jansénisme,
donna le scandale du serment de fidélité à la
*Constitution civile du clergé*. Il fut, du reste,
imité dans sa conduite, par les professeurs du
collège, tous *Doctrinaires* comme ceux du
Séminaire. Lacombe, professeur de mathématiques, fit seul exception à la règle générale,
a-t-on dit, et, de fait, le registre des délibérations de la ville de Tarbes le place parmi
les *insermentés. (Souvenir de la Bigorre*,
t. VIII, p. 33). Mais tous les directeurs du
Grand-Séminaire comptèrent au nombre des
*jureurs*, entraînant à leur suite une foule de
prêtres trop confiants dans la conduite de
leurs anciens maîtres.

Grâce à leur défection, les Doctrinaires
continuèrent à diriger la maison jusqu'en

1793 (1). Le père Mathieu Molès en fut nommé
*vicaire supérieur*, conformément à la *Constitution civile du clergé*. Accompagné du père Lartigue, professeur d'Ecriture sainte, le malheu-
reux supérieur parut le 26 septembre 1792
devant le conseil municipal de Tarbes assem-
blé, pour prêter le serment de fidélité en ces
termes : « Je jure d'être fidelle à la nation et
de maintenir la liberté et légalité ou de
mourir à mon poste en la défendant. »

Cette lâcheté ne devait pas les sauver de la
honte d'une expulsion peu éloignée. En atten-
dant, le siège épiscopal de Tarbes est sacrilè-
gement envahi par le père Jean-Guillaume
Molinier, recteur du collège et professeur de
théologie. Mais tirons vite le voile sur le
Séminaire constitutionnel agonisant, pour
constater avec joie la courageuse résistance
d'un grand nombre de prêtres fidèles, soumis
à la houlette du légitime pasteur exilé à

(1) D'après la *Statistique intellectuelle du département des Hautes-Pyrénées*, de J.-J. Corbin (*Cf. Souvenir de la Bigorre*, t. viii, p. 30), Baradère, né à Luz-en-
Barèges, fut employé au Séminaire de Tarbes, comme
vicaire-directeur, en 1791. Faisait-il partie de la Congrégation des *Doctrinaires?* — Mathieu Molès, Lartigue
et Baradère sont, jusqu'à présent, les seuls directeurs
connus du Séminaire constitutionnel de Tarbes. Quel
était le quatrième? Il en fallait quatre, d'après la *Constitution civ., du clergé*.

Lisbonne, en Portugal. Du Portugal, Mgr de Gain de Montagnac ne cessait d'entretenir des relations suivies avec son diocèse, administré par des ecclésiastiques de choix auxquels il avait justement donné sa confiance.

Fidèle à son Dieu et à sa foi, Mgr de Gain avait préféré les misères de l'exil au déshonneur de souscrire à la constitution civile du clergé. Esprit noble et élevé, ce prélat ne connut jamais que la soumission à Rome. Nous voulons en fournir deux preuves en terminant. On nous pardonnera ces souvenirs, qui semblent un peu sortir de notre cadre.

Fatigué des orgies de la Révolution, Bonaparte voulut mettre un terme aux maux de la religion et rendre la liberté à ses ministres.

Une nouvelle *Constitution* régissait la France en l'an VIII. Les Chambres assemblées le 11 nivôse (1er janvier 1800) votèrent, le 21 du même mois, l'*arrêté* du 7 nivôse (28 décembre 1799) qui demandait aux prêtres catholiques la déclaration suivante : JE PROMETS D'ÊTRE FIDÈLE A LA CONSTITUTION.

Cet *arrêté* imposé par le premier consul devait avoir force de loi à partir de ce moment. Tous les ecclésiastiques jureurs ou non jureurs, déportés ou non, devaient, avant tout, prêter serment à la nouvelle *Constitution* dite de *l'an VIII.*

Les Evêques s'émurent du fond de leur exil et demandèrent à Bonaparte de donner à la formule imposée au clergé une interprétation adoucie, à la faveur de laquelle l'Eglise et les ministres semblaient acquérir plus de liberté et qui paraissait éloigner tout soupçon d'approbation ou de liaison à des lois injustes. Le premier consul refusa toute modification. Et le préfet des Hautes-Pyrénées, donnant une extension injuste aux actes du gouvernement consulaire et à la lettre du ministre de la police du 29 vendémiaire, an IX, qui ordonnait d'imposer aux prêtres la *promesse pure et simple,* alla jusqu'à comprendre dans la liste des prêtres à déporter, sur le refus du serment proposé, tous ceux qui n'étaient jamais sortis de France ni du département, qui remplissaient en paix et en secret les devoirs de leur religion sans troubler l'ordre établi par les divers gouvernements qui venaient de se succéder depuis dix ans.

Un certain nombre de prêtres des Pyrénées se laissèrent entraîner par l'appât de la liberté et prêtèrent le serment demandé. Mgr de Gain, informé de cette défection, adressa *aux prêtres et aux fidèles de son diocèse, réfractaires à ses défenses et à ses lois,* une magnifique lettre pastorale datée de Lisbonne, le 5 janvier 1801. Elle est conservée dans nos archives sous le nº 17,791.

Le saint prélat s'élève contre tous ceux qui ont eu la faiblesse de prêter le serment imposé : « Qu'exige-t-on de vous, leur dit-il, (p. 9) et dans quelles circonstances de temps, de lieu et de personnes? On exige fidélité à une constitution qui ne réforme les précédentes que sur le temporel, et laisse tout ce que les anciennes avaient fait pour détruire la religion catholique ; une constitution où il règne avec affectation un oubli total de Dieu et de Jésus-Christ, de l'ancien culte national et de toute morale évangélique, une constitution enfin qui a tous les caractères de l'irréligion et de l'athéisme; car tout code social, celui des payens eux-mêmes, a toujours été fondé sous les auspices et sur la protection de la divinité.

» Dans quelles circonstances de temps, de lieux, de personnes exige-t-on cette promesse? dans un temps et dans un pays où existent encore toutes les destructions religieuses et morales, dans un pays et dans un temps où existent toutes les lois sur la police des cultes, qui toutes n'ont d'objet et de force que pour la prohibition, ou la servile apostasie : enfin une constitution qui, donnant comme toutes les constitutions du monde le pouvoir de faire des lois, nous fait craindre avec trop de fondement des lois semblables à celles qui ont outragé notre divin maître, avili et détruit sa religion sainte. Et comme toutes ces lois nous sont venues par les décrets et les constitutions précédentes, que ce sont les mêmes hommes, dirigés de leur propre aveu par les mêmes principes, qui gouvernent et exercent ce pouvoir de faire des lois, ne doit-on pas conclure que toute formule et tout engagement en termes généraux renferme engagement à tout, au passé, au présent et à l'avenir? »

... « Il ne suffit pas, poursuit-il, d'être ministre ou disciple de Jésus-Christ en secret, il faut l'être ouvertement en certaines circonstances, surtout quand on veut forcer de trahir, taire ou dissimuler sa foi. C'est alors qu'il faut la confesser, n'en pas rougir, *résister jusqu'au sang*, selon l'expression de l'apôtre. »

L'Evêque discute ensuite les moyens de justification qu'on peut invoquer pour expliquer le serment et réclame des prêtres et des fidèles une obéissance passive aux ordres de ceux qu'il a préposés à leur direction dans le diocèse de Tarbes, tandis qu'une loi inique de proscription le retient malgré lui loin, trop loin de son troupeau.

Cette superbe lettre, qui vaudrait la peine d'être citée en entier, était la *cinquante-sixième* INSTRUCTION PASTORALE (1) que le pontife adressait à ses ouailles, depuis que la Révolution l'avait jeté sur la terre étrangère, d'où il ne cessait d'éclairer et de diriger les prêtres restés fidèles. Son cœur était navré depuis les nombreuses défections du clergé de Tarbes, à l'époque de la *Constitution civile.*

« Mais au milieu de ces tristes et saintes ruines qui avaient survécu à la tourmente, dit-il, brillaient encore dans mon église quelques étincelles de cette lumière divine, qui doit toujours éclairer le monde. Elles faisaient pour tout mon troupeau, mon espérance et ma consolation. Mais, hélas ! cette lumière vient de s'affaiblir, elle n'est plus qu'une lueur pâle et vacillante ! »

Le découragement de l'éminent évêque éclate dans ces mots inspirés par la facilité avec laquelle le clergé de Tarbes vient de souscrire

______

(1) *Archives du Grand-Séminaire d'Auch,* n° 17,701, p. 2.

à la Constitution de l'an VIII. La convention conclue le 15 juillet 1801 entre le Pape et le premier consul, et ratifiée par le bref pontifical du 15 août de la même année, allait, en même temps, calmer les douleurs de l'Evêque légitime de Tarbes et faire éclater une dernière fois son admirable vertu.

C'étaient les préliminaires du CONCORDAT présenté au Corps législatif par Portalis, le 18 germinal an X (5 avril 1802) et adopté, enfin, comme loi de l'Etat. Le culte était rétabli en France, les églises se rouvraient !...

Mais beaucoup de sièges épiscopaux se trouvaient supprimés. Celui de Tarbes fut du nombre. Dès l'année 1801, le Pape avait demandé à Mgr de Gain d'y renoncer (1). L'Evêque obéit avec la docilité d'un enfant. Nous tenons à mettre sous les yeux du lecteur un extrait de sa lettre adressée à un de ses amis de Tarbes. Elle porte la date du 1er décembre 1801 et est inscrite dans le *Catalo-*

______

(1) Au moment du Concordat il restait encore 81 évêques français dispersés en Espagne, en Angleterre, en Allemagne, etc. Quarante-cinq firent leur démission pure et simple, sur le vœu exprimé par le Souverain Pontife. Les autres refusèrent et donnèrent naissance à la *Petite Eglise.*

*gue* de nos archives, sous le n° 17,927 (1).

« Vous avez dû recevoir ma lettre où je vous fais part de ma réponse au Pape. J'aurais bien voulu et je voudrais bien encore vous envoyer aujourd'hui copie des motifs qui m'ont déterminé. Mais j'ai cru convenable d'en envoyer une à mes collègues d'Angleterre et à trois autres personnes, à qui j'ai dû les faire connaître. Ce qui fait que je n'ai pas encore la copie que je vous destine. J'espère que vous trouverez ces motifs conformes aux principes ; et si je me suis trompé dans le parti que j'ai pris, je me trompe avec le chef de l'Eglise et on ne s'égare jamais quand on s'attache au centre de l'unité. Dieu veuille que personne ne s'en éloigne trop.

» Je gémis, M. C..., (2) de la division qui s'établit parmi les Evêques. Car plusieurs refusent au Pape leur démission. J'en connais déjà quatorze en Angleterre, deux en Espagne

(1) Nous devons cette magnifique page à M. Darré, ancien vicaire général d'Auch, qui nous l'offrit pour les archives.

(2) Le C que nous trouvons ici est la lettre initiale du nom de M. *Castéran*, vicaire général de Mgr de Gain, dans le diocèse de Tarbes, pendant l'exil du prélat. Nous possédons une curieuse correspondance échangée avec cet ecclésiastique durant la tourmente révolutionnaire. Peut-être la publierons-nous, plus tard.

et huit ou dix en Allemagne. J'ignore ce qu'ont fait les autres. Dieu veuille que toutes ces oppositions ne soient pas la source de grands malheurs dans l'Eglise. Je suis loin de blâmer mes collègues. Leurs intentions sont bonnes et ceux avec qui l'on traite ne méritent absolument nulle confiance. Mais, mon ami, les affaires du Ciel et de la religion qui y conduit ne doivent pas se mettre au hasard comme celles de la terre, et plus nous avons de raison pour croire le gouvernement français anti-chrétien, plus nous connaissons son audace et les succès qu'il a en tout genre, plus nous le voyons depuis dix ans dominer l'Europe et la France, surtout, sans aucune résistance, plus nous devons craindre qu'il ne suive le fatal exemple de l'Angleterre et de la Russie. S'il le veut, qui est-ce qui l'en empêchera? Voilà bien sans doute un des motifs de cette nécessité si souvent alléguée par le chef de l'Eglise. Et quant aux dispositions du gouvernement à cet égard, le Pape doit les connaître mieux que nous; et d'après cette situation des choses, il a jugé (à propos?), pour sauver la religion, non-seulement en France, mais ailleurs, aussi, [de faire] un Concordat qui sauvât les principes nécessaires, quelques sacrifices, d'ailleurs, que l'on demandât.

» Voilà, en deux mots, comme cette grande affaire s'est présentée à moi, et je n'ai pas voulu avoir à me reprocher de retarder d'une minute ce que le chef de l'Eglise qui, seul, *peut*, et, par conséquent, *doit* aujourd'hui gouverner l'Eglise de France, a jugé indispensable pour empêcher en France un grand schisme. Il ne m'est pas venu dans la pensée de réclamer des droits quand je ne peux pas les exercer, et puis, je me suis rappelé que nous avons tous renvoyé le jugement de cette grande cause au Pape. Il en est donc investi par son droit de primauté, par celui de notre *consentement* et par celui de la *nécessité* bien connue. On ne peut pas avoir plus de titres pour être seul juge. A quoi peut donc servir notre résistance, qu'à attirer des malheurs ou au moins à faire craindre un scandale ?

» Au reste, si, comme vous le dites, le *Concordat* souffre des difficultés, si ce n'est pas pour qu'il soit meilleur, et si tout arrangement est rompu, Dieu veuille que ce soit la faute du Gouvernement et non celle des Evêques, afin que le peuple, la postérité et Dieu lui-même n'aient pas à leur reprocher les suites fâcheuses qu'on en pourrait redouter.

Car, encore une fois, l'exemple de l'Angleterre et des puissances qui font des schismes, sans opposition des peuples, doit faire trembler.

» Si le Concordat ne s'exécute pas, vous pensez bien que je suis toujours Evêque de Tarbes, n'ayant donné ma démission que pour le rétablissement de la religion et jusqu'à ce qu'un évêque catholique m'ait remplacé, ce qui peut aller loin, c'est ce qui m'a obligé à suspendre le travail de mes pastorales, dont je vous ai parlé. »

On ne saurait trouver un langage plus noble, plus français et plus épiscopal. La soumission pleine, entière, sans restriction, aux décisions de Rome, si fortement exprimée dans cette belle lettre, allait devenir l'une des vertus éminentes du clergé de Tarbes, qu'une longue série d'excellents directeurs ne devaient cesser de former aux saines doctrines de la théologie et du respect envers le siège apostolique, dans tous les séminaires du diocèse.

V

Le diocèse de Tarbes, annexé à celui de Bayonne, en vertu du Concordat de 1802, était couvert de ruines d'églises, de monastères et de couvents, lorsque Napoléon rendit la paix religieuse à la France. M. Procope Lassalle (1) fut l'un des ouvriers les plus actifs suscités de Dieu pour relever les murs du sanctuaire.

Mgr Loyson, évêque de Bayonne et de Tarbes, le plaça à la tête de la communauté de prêtres rétablie à Bétharram (2), vers 1808,

(1) Voir sa biographie dans l'*Annuaire* de 1876. — Il importe de rectifier ici un passage de cette biographie, relatif au prétendu séjour de Procope Lassalle au collège de Tarbes (page 73). Le *Livre de raison* où furent puisés les renseignements donnés sur ce point par l'*Annuaire*, ne porte que le nom de « Lassalle » sans prénom, et tout permettait de croire qu'il s'agissait là de Procope. Or, d'après un autre *Livre de raison* de « Lassalle fils », appartenant aux archives de l'évêché de Tarbes, et que M. l'abbé Ricaud a bien voulu nous communiquer récemment, Procope Lassalle n'a jamais rempli aucune fonction à Tarbes. C'est son frère Pierre, doctrinaire comme lui, qui a été successivement professeur et syndic du collège de cette ville. Voici un extrait qui concerne Procope Lassalle :

« Il a longtemps enseigné la grammaire, les belles-lettres au collège de Lesquille à Toulouse, et ailleurs, et la théologie au collège de Gimont, au séminaire de Condom et au collège de Villefranche-en-Rouergue (Dép' de l'Aveiron) où il était recteur à l'époque de la destruction des congrégations enseignantes (18 août 1792). Après avoir souffert la persécution et avoir été reclus à Rhodez avec beaucoup d'autres ecclésiastiques, il fut mis en liberté par les représentants du peuple, qui reconnurent que sa détention était sans cause. »

(2) Les origines du sanctuaire de Bétharram sont inconnues et aussi incertaines que l'étymologie du nom de cette célèbre dévotion que certains écrivains ont cru trouver dans *Bel Arram, beau rameau.* On avait cru, de même, découvrir la racine de *Garaison,* dans *Garison,*

trois ans après le rachat des bâtiments du
célèbre pèlerinage, dont la chapelle, monu-

*Guérison*, lorsque des documents d'une parfaite authenti-
cité sont venus démontrer l'existence du *lieu dit Garaison*,
longtemps avant la fondation de la chapelle du miracle.

Mais si les débuts et l'étymologie de Bétharram
demeurent à l'état d'incertitude, on sait au moins que
le pieux pèlerinage attirait depuis longtemps les foules,
au moment de l'invasion du Béarn par les huguenots de
Mongommery (1569). Le sanctuaire disparut alors, raconte
M. Menjoulet, dans sa *Chronique de Bétharram* (p. 51).

Les habitants de Lestelle virent souvent, dit la
légende, des flammes briller pendant la nuit, au milieu
des ruines de la chapelle. C'était pour eux un signe de
prochaine résurrection de l'oratoire de la Vierge. Le
sanctuaire se releva, en effet, en 1614. en vertu de
lettres patentes du roi Louis XIII. Mgr de Salettes,
évêque de Lescar, voulut, alors, rétablir avec éclat,
l'antique pèlerinage, avec le concours des chapelains
de Garaison, qui vinrent présider la cérémonie.

Jean Richard fut le premier *grand chapelain*, spécia-
lément protégé par le seigneur de Coarraze, bienfaiteur
de Bétharram. Toutefois, la *Congrégation des chapelains
de Bétharram* ne date que de l'année 1621, époque de
l'arrivée de Hubert Charpentier, chapelain de Garaison.
Jean de Salettes, évêque de Lescar, l'approuva par
*Ordonnance* du 29 juin 1626. Quarante ans plus tard
(1661), la voûte du sanctuaire était terminée. L'église fut
alors solennellement consacrée.

La Révolution s'en empara, en vertu du décret du
2 novembre 1789. On verra plus loin le sort du pèlerinage pendant la tourmente. Au témoignage de M. Menjoulet, la dévote chapelle se rouvrit au culte de la Vierge
par les soins du P. Joseph, capucin, plus tard curé de
Pouillon, dans les Landes. Les pieux habitants de
Bétharram acclamèrent, en 1805, le retour à l'église de leur
célèbre sanctuaire, devenu, depuis 1833, le siège de
l'importante congrégation des *Missionnaires de Bétharram*, aujourd'hui connus dans les Deux-Mondes,
sous le nom de *Bétharramistes*.

ment historique, était redevenue propriété ecclésiastique.

Secondé par l'Evêque, M. Procope Lassale fonda une école secondaire, ou mieux un petit-séminaire, à Bétharram, afin d'en faire une pépinière d'élèves destinés au sacerdoce, pour Tarbes et pour Bayonne. L'autorité diocésaine songeait à supprimer cette florissante maison, à cause des tracasseries suscitées par l'Empereur contre les petits-séminaires, en 1812, lorsque le pays s'émut et demanda le maintien du collège qui, par la faveur d'hommes influents et surtout de M. Baradère, curé de St-Jacques, de Pau, fut transformé en *école de théologie*, c'est-à-dire en *Séminaire*, au même titre que Dax et Bayonne.

Il fallut agrandir l'établissement. C'est ce qu'on fit en 1813 et 1814. Cette dernière date est celle de la transformation de Bétharram en *Grand-Séminaire*. Ici notre sujet se divise en deux paragraphes distincts. Le premier aura pour objet la renaissance du *Grand-Séminaire de Tarbes*; le *Petit-Séminaire* sera rapidement étudié dans le second.

## § Ier. — GRAND-SÉMINAIRE DE TARBES.

Déjà directeur du pèlerinage de Bétharram, M. Procope Lassalle devint premier supérieur du Grand-Séminaire mixte de Tarbes et de Bayonne. Beaucoup de sujets des Hautes-Pyrénées allèrent cependant suivre les cours de théologie dans d'autres Séminaires. Auch, en particulier, en reçut un grand nombre pendant bien des années, nos registres l'attestent.

Bétharram demeura Grand-Séminaire pour les Hautes-Pyrénées, jusqu'en 1822, date du rétablissement de l'évêché de Tarbes. Monseigneur d'Astros, évêque de Bayonne, fit la dernière ordination pour les séminaristes de Bétharram au mois de mai 1823, le troisième dimanche après Pâques, dans l'église paroissiale de Saint-Pé.

Mgr de Neyrac venait d'être préconisé évêque de Tarbes. Néanmoins, il ne prit possession du diocèse qu'a. mois de septembre 1823. Un de ses premiers soins fut la restauration du Séminaire diocésain tombé au pouvoir de la ville de Tarbes. M. Bernat (Antoine), originaire de Vabres, dans l'Aveyron, et son vicaire général, lui prêta son secours pour cette œuvre importante. Il devint même supérieur du Grand-Séminaire rétabli, dont les premiers directeurs furent : MM. Travès (Jean-Bernard), d'Aventignan, et Jean Destenabe, de Duhort, dans les Landes. M. Pierre Bize, de Montégut, s'adjoignit, en 1824, à ces premiers collaborateurs, qui eurent pour nouveau collègue, en 1825, M. Jean Ramonet, de Bagnères.

Le Grand-Séminaire se retrouvait dans les bâtiments destinés à son usage, longtemps avant la Révolution, au midi de la cathédrale de Tarbes. Seulement, il devint insuffisant en ce siècle, par suite de l'accroissement du nombre des élèves. Il fallut donc songer à l'agrandir. Un heureux accord survenu entre l'Etat et l'autorité diocésaine mit l'établissement à la disposition du gouvernement pour une *Ecole d'artillerie*. En retour, on fournissait au diocèse, à l'ouest de la ville de Tarbes, un superbe bâtiment, dont les murs commencèrent à s'élever en 1862.

Sept ans plus tard, les élèves en prenaient possession, au mois d'octobre 1869. Ils y passèrent l'année scolaire 1869-70. En août 1870, époque de la guerre franco-allemande, le Séminaire fut mis à la disposition des

*Mobiles*, jusqu'à la signature de la paix. Les séminaristes y rentrèrent au mois de mars 1871.

M. Lamole, vicaire général, eut alors pour successeur dans le gouvernement de la maison, M. Prosper Lafforgue (1). Du reste, voici, dans l'ordre chronologique, la nomenclature complète des supérieurs du Grand-Séminaire de Tarbes, depuis 1823 jusqu'à ce jour.

## SUPÉRIEURS DU GRAND-SÉMINAIRE
**Depuis 1823 (2).**

MM. Bernat (Antoine), vicaire général, né en 1768, à Vabres (Aveyron).    1823-1828

Lanusse (Bernard), vicaire général, né à Aucun, en 1792.    1828-1831

Laurence (Bertrand-Sévère), vicaire général, né à Oroix, en 1790.    1831-1845

Fourcade (Arnaud), vicaire général, né à Ibos, en 1799.    1845-1850

Lamole (Grégoire), vicaire général, né à Ourde, en 1807.    1850-1871

Lafforgue (Prosper), vicaire général, né à Maubourguet, en 1823.    1871-1889

Clare (Jean-Louis), vicaire général, né à Tramezaïgues, en 1831.    1889

(1) Nous devons ces renseignements à une bienveillante communication de M. Clare, vicaire général du diocèse de Tarbes et supérieur du Grand-Séminaire.

(2) Deux dates suivent les noms des Supérieurs. La première indique l'année de leur entrée dans la maison, la seconde celle de leur sortie de l'Établissement.

## § II. — Petit-Séminaire du diocèse de Tarbes.

Dom Michel Germain, ami de Mabilllon, supposant, avec raison, que chaque monastère bénédictin n'aurait pas son historien, conçut la généreuse pensée de consacrer des dessins accompagnés de planches à toutes les maisons de la réforme de la congrégation de S. Maur.

La mort de l'auteur, survenue le 23 janvier 1694, ne permit pas au savant religieux de publier son ouvrage, à peu près achevé. De nos jours, M. Peigné-Delacourt a eu l'heureuse hardiesse d'entreprendre un tel labeur.

Le *Monasticon Gallicanum* devait contenir 178 notices, d'après le plan de D. Germain. Plusieurs se sont égarées, mais on en possède encore 114. On ne saurait trop remercier M. Peigné-Delacourt, encouragé et aidé par M. Léopold Delisle, d'avoir donné au public savant un élément si précieux pour l'histoire des anciens monastères de la congrégation de S. Maur. L'ouvrage forme deux volumes in-folio, publiés par M. V. Palmé, en 1871.

*Saint-Pé de Génerez* (V. préface, p. XXVIII) occupe la planche IX du premier volume. Les notes de D. Germain, relatives à ce monastère, se trouvent au folio 123 du Ms. latin, n° 11,818 de la Bibliothèque nationale. On voit, deux folios plus loin (fol. 425), dans le même volume, les notes adressées au docte bénédictin par Jean l'Evangéliste Guillaume, le 26 mai 1683.

Le cartouche supérieur du plan de l'abbaye de Saint-Pé, à gauche, contient la légende explicative des diverses parties du monastère. Malheureusement, ce beau plan ne fut pas entièrement exécuté.

Nous avons raconté ailleurs les origines de la Maison bénédictine de Saint-Pé-de-Génerez. L'Etablissement devint propriété nationale à l'époque de la Révolution et fut mis en vente le 10 vendémiaire, an IV de la République. L'aliénation eut lieu le 6 brumaire de la même année, en faveur de M. Blaise Maumus, de Lourdes, moyennant la somme de 321,000 livres payable en assignats. En réalité, l'immeuble ne coûta pas 2000 francs d'argent à l'acquéreur.

Celui-ci céda plus tard l'abbaye de Saint-Pé à son gendre, M. Lucien Soulé, qui la possédait encore en 1822. Or, M. Procope Lassalle, supérieur du Grand-Séminaire de Bétharram et originaire de Saint-Pé, convoitait depuis longues années le couvent bénédictin habité

par une quinzaine de familles de pauvres arti-
sans. Il avait l'idée d'y fonder un Petit-
Séminaire pour le diocèse de Tarbes.

L'an 1822 fut l'heure marquée par la
Providence pour la réalisation d'un si noble
projet. Ce fut le 21 mai de cette année, en
effet, que M. Lassalle acheta l'antique abbaye
dont il faisait hommage, au mois d'octobre
suivant, au diocèse de Bayonne qui comprenait les Hautes-Pyrénées. C'était à la condition
formelle que l'établissement serait érigé en
Petit-Séminaire pour la formation des aspirants au sacerdoce (1).

Mgr d'Astros, évêque de Bayonne et de
Tarbes, accepta la généreuse donation et choisit
pour supérieur de la maison à fonder M. Bertrand-Sévère Laurence, d'Oroix (H.-P.), alors
professeur de philosophie au collège d'Aire-
sur-l'Adour. C'était au mois de juillet 1822.

Aidé des conseils et des libéralités de
M. Lassalle, M. Laurence mit, sans retard, la

(1) M. Lassalle s'était réservé une chambre au Petit-
Séminaire. Il s'y rendait souvent, car il était le supérieur
effectif de la maison. On doit à ce prêtre vénérable la
fondation d'un couvent de religieuses à Igon, village
natal de sa mère. L'école était gratuite et dirigée par les
*Sœurs de la Croix* (1825). L'établissement devint noviciat
en 1826. Depuis ce moment, Igon est devenu l'une des
plus importantes maisons des *Sœurs de la Croix*.

main à l'œuvre ; si bien que le Petit-Séminaire put ouvrir ses portes aux cent premiers élèves, le 13 novembre 1822. A la demande de M. Jahan, préfet des Hautes-Pyrénées, favorable à la fondation de la grande Ecole diocésaine, le Conseil général vota la somme de 12,000 francs, payable en trois annuités, en faveur du Petit-Séminaire, où les classes ne furent organisées que jusqu'en troisième. Dès l'année suivante (1823), l'établissement ouvrit les classes de seconde et de rhétorique. Le tour de la philosophie n'arriva qu'en 1850.

Lorsque Mgr de Neyrac, préconisé évêque de Tarbes au mois de mai 1822, vint prendre possession de son diocèse, au mois de septembre 1823, le Petit-Séminaire de Saint-Pé, à peine né d'hier, était une maison très importante. Et cependant, faut-il le dire ? le prélat, prévenu contre l'établissement par quelque mauvais génie, ne fut pas, tout d'abord, sympathique à son école diocésaine.

Peut-être l'aurait-il voulue aussi plus près de lui ? Toujours est-il que nous voyons l'Evêque empressé à réunir des élèves ecclésiastiques, d'abord à Tarbes, dans la maison Luscan, transformée en séminaire pour un moment, et puis à Soues, dans un bâtiment devenu plus tard collège ecclésiastique. De nos jours, ce dernier immeuble est simple propriété privée.

Pendant ce temps, le Petit-Séminaire de Saint-Pé allait sans cesse grandissant. On n'y compte pas moins de 300 étudiants, en 1825. Ces succès, la bonne renommée de l'établissement, l'excellent esprit du Supérieur et de son personnel enseignant, ramenèrent peu à peu Mgr de Neyrac à des sentiments plus bienveillants envers la fondation diocésaine de M. Procope Lassalle, mort le 5 juillet 1831 (1).

L'harmonie entre le prélat et le Petit-Séminaire était parfaite en 1832, époque du décès de Mgr de Neyrac. On le voit dans l'hommage solennel rendu à l'Evêque de Tarbes par M. Laurence, le jour de la distribution des prix, au mois d'août 1833. Mgr Double, arrivé à Tarbes en 1834, avait apprécié à sa juste valeur le supérieur du Petit-Séminaire de Saint-Pé. Aussi, le choisit-il pour son vicaire

(1) Par son testament du 25 juillet 1827, retouché en 1829, 1830 et 1831, M. Lassalle disposait de tous ses biens paternels en faveur de plusieurs œuvres pies, mais surtout de ses deux séminaires de Bétharram et de Saint-Pé. — Voir pour plus amples détails la biographie du saint défunt dans l'*Annuaire de Saint-Pé*, de 1876 (pp. 71-100).

général, lui donnant pour successeur M. l'abbé Fourcade (1).

Tout ce que nous pourrions dire désormais sur le nouveau supérieur de Saint-Pé, ses successeurs et les progrès de cette importante maison nous paraît superflu, puisque l'histoire complète de la naissance et des progrès de l'établissement se trouve tout au long dans les pages de l'*Annuaire de Saint-Pé* auquel nous renvoyons nos lecteurs.

Toutefois signalons, avant de clore notre étude, la récente annexion du *Collège d'Argelès* au Séminaire de Saint-Pé, en qualité de succursale.

Collège d'Argelès. — L'histoire de cette maison se trouve trop bien traitée dans le discours de M. Laplace, supérieur de Saint-Pé, dans une distribution des prix, à Argelès, pour que nous puissions nous arrêter à la pensée de la reprendre ici (2). Qu'il nous suffise de

---

(1) M. Bertrand-Sévère Laurence, né à Oroix (H.-P.), en 1790, fut d'abord élève d'officier de santé. Son goût pour les études ecclésiastiques le fit renoncer de bonne heure à la carrière médicale pour entrer dans les Ordres. Il est mort évêque de Tarbes, en 1870. Son neveu, M. P. Laurence, a été un des grands restaurateurs de *N.-D. de Garaison.*

(2) Voir l'*Annuaire de Saint-Pé*, de 1891 (pp. 118-131).

rappeler les dates principales des diverses phases de cet établissement.

La ville d'Argelès autorisée à fonder dans ses murs une école secondaire, par décision impériale du 5 août 1806, vit son établissement transformé en *école secondaire communale*, en 1810. M. l'abbé Espiet, ancien directeur de *l'école communale* de Dax, fut le premier auteur de l'institution d'Argelès dont la direction lui fut laissée, quand elle fut transformée en collège.

Ce ne fut pas pour longtemps, car la malveillance lui rendit la situation impossible. M. l'abbé Duffourc lui avait succédé en 1813. Un arrêté du recteur d'Académie de Pau, en date du 3 octobre de cette année, dit que « le collège d'Argelès est sans chef ni régents depuis un an. » A titre provisoire, M. Jacques Balencie, régent de *quatrième* au collège de Périgueux, se trouva chargé du collège dont il devint définitivement principal, en 1819. Il professait, en même temps, les classes de *quatrième*, de *troisième* et de *mathématiques*. On le récompensa de ses services, en le créant, en 1821, censeur du collège royal de Pau, emploi qui le conduisit aux fonctions d'inspecteur d'Académie, en 1826.

M. Balencie eut pour successeur, à Argelès, M. Abadie, vicaire de cette ville. Celui-ci fut remplacé par M. Mosquères, qui céda sa position à M. Monicat, après lequel nous voyons paraître M. Guillermin, auquel M. Danglade succède en 1830.

M. Fontan devenu principal, après 1840, gouverna, jusque vers 1850, le collège d'Argelès, toujours peu florissant. Sa situation n'était guère meilleure, en 1874, époque de l'arrivée de Mgr Langénieux, dans le diocèse de Tarbes. Les habitants d'Argelès conçurent, alors, le projet de céder leur école secondaire à l'Evêque, afin de lui donner un nouveau lustre.

Mgr Langénieux, loin de repousser l'offre qu'on lui faisait, l'accueillit avec faveur : il voyait dans le collège d'Argelès une pépinière de vocations ecclésiastiques pour les vallées du Lavedan et les pays voisins. Cependant, rien n'était encore définitivement réglé, lorsque le prélat quitta le diocèse de Tarbes pour le siège de Reims. L'arrangement eut lieu sous l'administration de Mgr Jourdan, son successeur, le 12 octobre 1875.

Ce jour-là, M. Alicot, maire d'Argelès, vendait au diocèse, le collège où l'Evêque de

Tarbes s'engageait à établir une école secondaire, *formant annexe du Petit-Séminaire de Saint-Pé*, et de la pourvoir d'un personnel suffisant pour la direction des classes jusqu'à la *cinquième*. Un décret du 30 mars 1875 confirma l'accord déjà autorisé par un autre décret du 29 novembre 1874.

Légalement constitué depuis ce jour, comme *annexe de Saint-Pé*, le collège vécut de sa vie propre, pendant près de dix ans. Il se soutenait à grand'peine. Pour lui donner plus de vigueur et plus d'éclat, Mgr Billère, évêque de Tarbes, décida de faire d'Argelès, en 1886, une vraie *succursale du Petit-Séminaire de Saint-Pé*. Il nomma donc M. l'abbé Laplace, chanoine honoraire, supérieur des deux maisons, reliées l'une à l'autre par la voie ferrée de Pierrefitte à Pau et à Bayonne. Un directeur local gouverne le collège.

Le diocèse compte une autre école secondaire de très grande importance, à Garaison, berceau des religieux de Lourdes (1).

Si les limites de ce travail le permettaient, nous aurions de longues et belles pages à écrire sur cette *Institution*, siège d'un grand

_________

(1) Voir notre livre : *Berceau des PP. de Lourdes*, gr. in-8°. — Paris, V. Palmé.

pèlerinage, autrefois célèbre dans la France et les pays les plus lointains. Mais notre plan n'embrassant que les *Séminaires du diocèse de Tarbes*, les exigences du cadre excluent toute autre étude. Ici donc se termine la mise en œuvre des documents modernes ou anciens que nous avons glanés sur les écoles diocésaines de Tarbes. Puisse notre modeste labeur être de quelque utilité aux annales déjà si riches de la Bigorre !

**L'abbé CAZAURAN,**
Archiviste du Grand-Séminaire d'Auch.

Documents manquants (pages, cahiers...)
NF Z 43-120-13

www.ingramcontent.com/pod-product-compliance
Lightning Source LLC
Chambersburg PA
CBHW071322030726
47594CB00002B/504